青龙板栗文化

刘玉宗　编著

燕山大学出版社
2020・秦皇岛

图书在版编目（CIP）数据

青龙板栗文化 / 刘玉宗编著. —秦皇岛：燕山大学出版社，2020.9
ISBN 978-7-5761-0058-7

Ⅰ. ①青… Ⅱ. ①刘… Ⅲ. ①板栗－文化－青龙满族自治县 Ⅳ. ① S664.2

中国版本图书馆 CIP 数据核字（2020）第 166246 号

青龙板栗文化

刘玉宗 编著

出 版 人：陈　玉
责任编辑：朱红波
封面设计：于文华
出版发行：燕山大学出版社 YANSHAN UNIVERSITY PRESS
地　　址：河北省秦皇岛市河北大街西段 438 号
邮政编码：066004
电　　话：0335-8387555
印　　刷：秦皇岛墨缘彩印有限公司
经　　销：全国新华书店

开　　本：700mm×1000mm 1/16
字　　数：216 千字
印　　张：16.25
插　　页：36
版　　次：2020 年 9 月第 1 版
印　　次：2020 年 9 月第 1 次印刷
书　　号：ISBN 978-7-5761-0058-7
定　　价：65.00 元

板栗王　位于青龙西部凉水河乡下草碾村。（范怀良摄）

板栗王说明牌。（刘玉宗摄）

板栗相 位于青龙东部祖山镇花厂峪村。（刘玉宗摄）

板栗帅　位于青龙中部冷口温泉栗树小镇。（刘玉宗摄）

板栗将（局部） 位于青龙中部冷口温泉栗树小镇。（刘玉宗摄）

2017年第一届青龙板栗节开幕式。

2019年第三届青龙板栗节（秦皇岛市首届板栗产业发展大会）开幕式。

2018年第二届青龙板栗节开幕式。

青龙满族自治县百峰贸易有限公司。（刘玉宗摄）

青龙板栗展示中心。（刘玉宗摄）

日本关东板栗协议会会长加藤国夫先生（右一）到青龙王子店村考察时说："世界板栗数中国，中国板栗数燕山，燕山板栗数京东，京东板栗数青龙，青龙板栗世界第一！"（王显荣提供）

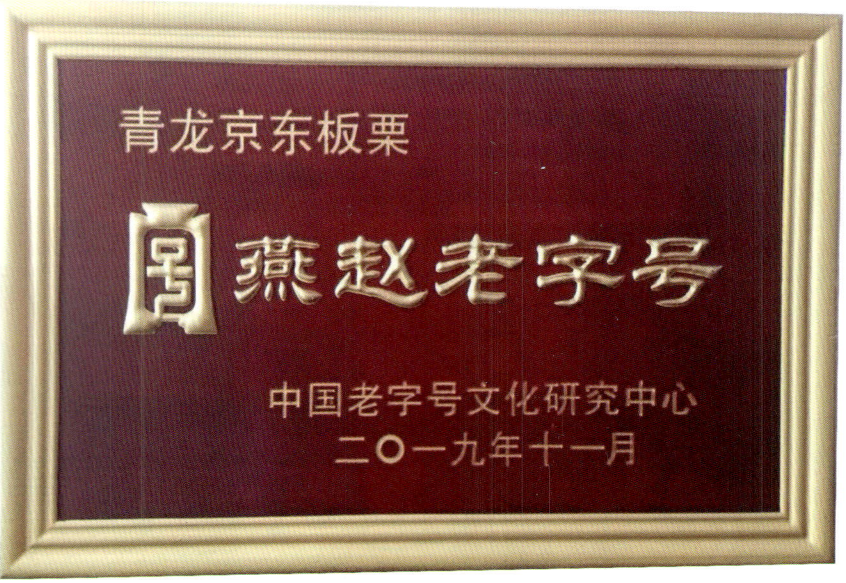

青龙京东板栗2019年11月被中国老字号文化研究中心评为"燕赵老字号"。（王显荣摄）

内容提要

此书从板栗名树、板栗逸事、板栗节日、板栗展馆、板栗情缘五个方面，系统介绍了青龙板栗的栽植历史、产品质量、发展规模和重点企业。全书通过古今历史名人和中外专业人士高度赞誉青龙板栗，说明“青龙板栗，世界第一”是古今中外的共识。本书写作上采取浪漫主义和现实主义相结合的手法，妙趣横生，知识性强，值得一读。

序　言

中共青龙满族自治县委副书记
青龙满族自治县人民政府县长
王殿忠

青龙地处燕山东麓、古长城北侧，得天独厚的气候环境和土壤条件，造就了青龙板栗甲天下的优异品质。如今青龙板栗种植面积已达到100万亩，在中国农产品展销会果王争霸赛上多次荣获金奖。青龙板栗依托“香甜糯”的高品质，雕琢出了舌尖上的美味，备受国内外消费者青睐。其中，位于日本京都中心地带的林万昌堂百年糖炒板栗店，专注经营青龙板栗140多年，与青龙结下了深厚的板栗情缘。特别是林万昌堂第四代掌门人林雅彦先生，按照第三代掌门人林庆一先生的遗嘱将其骨灰埋在青龙板栗树下，足以证明他们对青龙板栗的热爱。日本板栗协议会会长加藤国夫评价：“世界板栗数中国，中国板栗数燕山，燕山板栗数京东，京东板栗数青龙，青龙板栗世界第一！”去年5月，我去日本考察招商，加藤老先生亲手送我一本书，书名就叫《青龙板栗》。当时，我的心情既愧且急，愧的是青龙这么好的板栗，由于宣传推介不到位，知名度远不如周边县区；急的是青龙作为京东板栗重要产地，至今还没有一本翔实介绍其历史、文化、特点和发展现状的书。于是我便邀请热衷挖掘青龙文化的老领导——青龙县政协原主席刘玉宗先生编著了这本《青龙板栗文化》。

名园易建，古树难求。古树历经沧桑，记录着人类的文明发展，承载了多元的文化符号。一棵古树在不同人的眼中有不同的价值，在伐木者看来不过是一堆木材而已，在旅游者看来可能是一幅美丽的风景画，在文化学者看来则是一本鲜活的历史教科书。青龙古树众多，现有百年以上古树6828株，其中板栗2459株，而位于我县凉水河乡下草碾村的中华板栗王，据专家鉴定，已有千年树龄，为国内最为久远、最为古老的板栗树，堪称国内唯一、世界罕有。这株板栗古树高17米，干周6.8米，需五个人才能合抱。它的树干苍劲古拙、刚劲雄浑，树冠华荫如盖、郁郁葱葱、秀润清逸，无形中展示出一种顽强之态、沧桑之美、传神之韵，让人从心底滋生敬仰、钦佩、感叹！它简直就是一个生命力极强的“活体文物”，也更像一位阅尽沧桑的“历史老人”。如果说燕山板栗是中国板栗的皇冠，那么中华板栗王则是皇冠顶上那颗璀璨明珠！它的存在，不仅印证了苏秦对燕文侯所说的“北有枣栗之利”的真实性，也证实了司马迁在《史记•货殖列传》中所写的“燕秦千树栗……此其人皆与千户侯等”的可靠性，更雄辩地证明了青龙是国内板栗栽植历史最悠久的地区。

回顾历史长河，古树承载了人类从愚昧走向文明的进程，人类始祖曾以树架屋，以树取果，以树制具，长期在森林与树木的庇护下繁衍生息。但随着人类的发展，大量地砍伐树木，破坏自然生态，导致各种灾害接踵而至。在大自然的惩罚下，人类越发意识到保护自然生态的重要性。近年来，青龙县委县政府在习近平生态文明思想的指引下，深入践行“绿水青山就是金山银山”的理念，大力实施生态立县战略，把保护古栗树作为一项重要行动，把发展壮大板栗产业作为经济转型、促民增收的重要抓手，按照“人均三亩果、收入8000元”的发展目标，制订板栗产业发展振兴计划，出台造林补贴、水利配套、科技支撑、品牌打造、线上线下联动销售等扶持政策，连续三年举办“青龙板栗节”，不断扩大青龙板栗知名度、美誉度和影响力，努力把小栗子做成大产业。在政策引领下，全县板栗种植规模迅速扩大，六年间累计栽植板栗925万株，一跃成为全国板栗种植第一大县，板栗产业也成为贫困群众脱贫致富的“绿色银行”。

家乡的水最甜，家乡的树最美。为了更好地宣传推介青龙板栗，玉宗老先生带着对家乡的浓浓深情，查阅大量史料，反复推敲整理，以灵动的笔法、鲜活的语言撰写了这本《青龙板栗文化》。全书完整系统地展现了青龙板栗从战国到现在，长达2500多年的发展历程，它集各种板栗知识于一册，凝数千年沧桑为一时，让人“鉴古知今、温故知新”，其文化价值、艺术价值可谓非同凡响。翻开书页，我们既可以了解青龙板栗悠久的栽植历史和深厚的文化底蕴，还可以领略当今青龙板栗蓬勃发展的喜人景象；既可以品读我国古代帝王将相、圣贤先哲、文人墨客的板栗逸事，还可以体味日本友人与青龙人民的板栗情缘。全书在布局构思上，五章内容互为补充、互相依托、互相映衬，充分体现了作者“古为今用、洋为中用”的良苦用心。在写作手法上，将浪漫主义与现实主义有机结合，以浪漫主义增添“板栗王”的神秘感，以现实主义增强“板栗相帅将”的可信度，读来妙趣横生、回味无穷。

《青龙板栗文化》的付梓，凝聚了玉宗老先生的大量心血和汗水，也饱含了他造福桑梓的赤子情怀，不仅开创了为青龙板栗著书立说的先河，也有力地弘扬了灿烂的青龙板栗文化，必将助推青龙板栗以崭新形象享誉全国、走向世界。

2020年7月10日

目　　录

板栗名树

刘玉宗 撰稿

"大漠沙如雪，燕山月似钩。"

唐代诗人李贺意境深远的诗句，仿佛一下子把我们带进了燕山深处。

在燕山深处，坐落着物华天宝、人杰地灵的青龙满族自治县，境内山峦起伏，河流纵横，长城蜿蜒，蓝天如镜，著名诗人臧克家老先生曾题"画境诗天"四字赞美青龙。然而居住久了，画的意境、诗的天地均被人们所司空见惯，最夺人眼球的还是那"板栗王""板栗相""板栗帅"和"板栗将"。

中华板栗王属于我国最大最古老的栗树，它身躯伟岸，气质非凡，屹立于青龙西部，俯视大地，傲视苍穹，像千年帝王那样享受着全国栗树臣民的朝拜。

板栗相处于一树之下、万树之上，属于我国仅次于中华板栗王的第二大古代栗树，它像古代一人之下、万人之上的丞相，正为广大栗树臣民而殚精竭虑。

板栗帅和板栗将虽然在树龄和个头上都无法与板栗王和板栗相相比，但难得的是，它们是一个群体，个个高大魁梧，威风凛凛，像一位元帅正向一群将军发号施令。

下面，让我们走近它们，欣赏一下这些不同凡响的古代栗树骄子，再听一听它们神奇而曲折的民间传说吧。

板　栗　王

板栗王位于青龙西部凉水河乡下草碾村，树高 17 米，树围 6.8 米，需要五个大人手拉着手才能搂得过来；树上原来长有三大主枝，不知什么年代、什么原因锯掉一枝；目前虽然只剩两大主枝，但冠幅依然庞大，东西 10 米，南北 16 米，夏天就像一座绿瓦凉亭矗立在农宅旁边。

更奇的是，主干和主枝上面长着好多树瘤，千姿百态，大小不等，如果围着栗树走上一圈，可以说步步有景，景景不同，其中有一个角度最为“奇葩”，硕大树瘤和树干局部构成的剪影，竟像弯腰驼背、低头站立的南极仙翁，被秦皇岛市政协原副主席、著名摄影家范怀良同志拍摄下来，看那苍劲古拙劲儿，颇像刻工粗犷的南极仙翁大根雕。

多少年来，人们一直把它看作神树而顶礼膜拜，人称“栗树王”，这条沟也随着叫“栗树沟”。前几年经过河北科技师范学院专家鉴定，树龄千年左右，是迄今为止国内发现树围最粗的板栗古树。于是，林业部门正式将其命名为“中华板栗王”，并拨专款加修围栏，竖上说明牌。

奇树往往伴有奇说，围绕这棵中华板栗王，民间还真有一段浪漫主义和现实主义相结合的传说呢！

在青龙东南境，有座古称“京东胜地”的花果山，这里花鲜果香，山奇水美，尤其是那挂瀑布，飞涛似雪，响声如雷，曾吸引许多文人墨客吟诗咏叹，明代钮钟描绘冬景云：

花果山中飞瀑布，
阴寒暂结玉屏高。
待看三月春风暖，
石壁还腾千尺涛。

清代李廷赞美夏景说：

晶簾斜挂白云边，
寒逼深村拢夕烟。
响度松风吟细细，
光涵梨月影娟娟。
岩巅铺碧摧琼玉，
峡口喷珠点翠钿。
闲卧绿苔寻鹤梦，
潲潲流恨不成眠。

在瀑布旁边有个天然形成的水帘洞，相传很早很早以前洞里住着孙悟空和一群小猴。孙悟空拜师学艺回来以后，本事大长，曾经大闹龙宫和地府，被东海龙王和地藏王菩萨联名告到玉皇大帝那里。玉帝要派兵征讨，多亏太白金星替孙悟空求情，建议封他为“弼马温”。玉帝准奏，并派太白金星前往花果山招安。

孙悟空开始时并不知道弼马温是个什么官儿，还蛮高兴。上任后才知道这个官儿小得可怜，跟马夫没啥区别。孙悟空哪能容玉帝老儿这样拿他开涮，就打出天庭，回花果山扯起“齐天大圣”旗号，意思是要与玉皇大帝平起平坐。

中华板栗王　位于青龙西部凉水河乡下草碾村。（范怀良摄）

玉帝知道以后，气冲斗牛，小小毛猴，竟敢挑战我的底线！立即派托塔天王李靖率领天兵天将前去捉拿。然而天兵天将哪是孙悟空的对手，没几个回合，就被孙悟空打得落花流水，连哪吒脚上踩的风火轮都丢了一只，李天王只得请求玉帝增派援兵。又是太白金星出面息事宁人，建议玉帝做个顺水推舟的人情，就按孙悟空打出的旗号，封他个有官无禄的“齐天大圣”。玉帝一想，也是，既不占领导职数，又不发工资奖金，丝毫不增加天庭财政负担，不战而屈人之兵，何乐而不为？遂慨然应允，再次叫太白金星前去招安。

由于齐天大圣是个闲差，有职无权，孙悟空到了天庭整天闲逛，无所事事，招猫逗狗。为了防止他再惹事端，玉帝接受天官建议，给他派了个看管蟠桃园的差事，变相把他束缚起来。孙悟空闲得心痒痒，立马上任。土地老爷赶紧前来汇报，孙悟空这才知道吃了三千年的蟠桃成仙得道、身轻体健；吃了六千年的蟠桃霞举飞升、长生不老；吃了九千年的蟠桃与天地齐寿、与日月同庚。他高兴极了，感谢玉帝老儿给了这样一个美差，不吃白不吃，就放开肚皮专拣又大又红的蟠桃吃了起来。

王母娘娘要在瑶池举办蟠桃盛会，宴请各路神仙佛祖，派了七个仙女去蟠桃园摘桃。仙女们来到园里一看，树上的桃子跟往年大不一样，往年红的多，青的少；今年青的多，红的少，摘了半天，才摘小半篮。仙女们非常纳闷，正在议论这是怎么回事呢，不料惊动了躺在树上睡大觉的孙悟空，他从仙女嘴里得知王母娘娘举办蟠桃盛会，各路神仙佛祖都请遍了，唯独没请他齐天大圣，这也太目中无人了，我老孙什么时候受过这样的窝囊气？不由得心中火起，使个定身法，把七个仙女全都定在了园中，这才驾起筋斗云朝瑶池闯去。

一路上，孙悟空想，众乐乐不如独乐乐，就把前来参会的赤脚大仙等神仙，假传圣旨支得东一个西一个，不叫他们立即赶往瑶池。当他美滋滋地来到瑶池一看，没想到有些馋嘴神仙参加别的会议往往迟到，参加蟠桃会却特别积极，早已到达会场等候多时。他眼皮一眨，办法有的是，从手背上拔下一撮毫毛，吹出一口仙气，变成无数瞌睡虫，叮在提前到会的神仙身上，一个个都东倒西歪地睡着了。孙悟空这才跳上摆满美食和御酒的餐桌，一阵狂饮猛吃。酒足饭饱之后，又拔根毫毛变作一个大口袋，把吃剩的和没吃的美食御酒全都打了包，准备背回花果山给小猴们品尝。没想到口袋嘴儿没扎严，一个紫不溜秋的东西从里边滑落出来，咕噜咕噜掉下天去。

孙悟空虽然看见了，但由于喝得半醉，也没当回事，摇摇晃晃继续往前走。结果走错了路，竟然闯进了兜率宫，这是太上老君炼丹的地方，葫芦里装着不少炼好的金丹。早就听说金丹是个好东西，专供玉帝举办丹元大会使用，吃了可以变成金刚不坏之身。孙悟空心想，王母举办蟠桃盛会都不请我，玉帝举办丹元大会更不会有我的份儿，与其先睹为快，不如先吃为快！他一股脑儿把金丹倒在手上，一把一把往嘴里塞，像吃炒豆一样，不大工夫就把五葫芦金丹吃了个精光。这才混出南天门，驾起筋斗云回花果山去了。

小猴们见大圣爷爷背回来这么多好吃的，高兴极了，就你抓一个，我抱一个，咔嚓咔嚓猛啃。见到还有几瓶香喷喷的御酒，就你抢我夺，对着嘴咕咚咕咚猛喝起来。小猴们吃饱喝足以后，都东倒西歪地打起盹来。一个老猴手脚笨，抢不过小猴，御酒没喝多少，头脑非常清醒，他来到孙悟空身旁汇报说："大圣爷爷，今天上午从天上掉下来一个非常奇怪的东西！"

“什么奇怪的东西？快说！”孙悟空是个急性子。

老猴接着说：“一个紫色的东西从天上掉下来，发出万道五彩神光，落在了花果山西面一个什么地方，随后传来一声巨响，像炸雷一样。”

孙悟空这才想起，背着口袋刚出瑶池时，是掉了一颗紫不溜秋的东西，当时喝多了也没在意。听到这个东西能够发出五彩神光，落到地上还响声如雷，是什么东西有如此威力？就想弄个水落石出。孙悟空向来雷厉风行，立即叫老猴前边探路，自己亲率小猴们前去看个究竟。孙悟空虽然会驾筋斗云，但小猴们不会呀，他向来不愿意脱离群众，就和小猴们一起跋山涉水，晓行夜宿，向西北方向进发。

第二天夕阳西下，孙悟空和小猴们来到一条迂回婉转、山清水

孙悟空　率领群猴跋山涉水寻找板栗王。（源于百度）

秀的深山沟，在晚霞的映衬下，远远望见一棵参天大树直插天际，树下忽闪忽闪地闪着五彩神光，把整个大树照得多彩多姿。孙悟空急忙带领小猴，朝着神光闪闪的大树连蹦带跳跑过去。

老猴承担起侦察兵的责任，率先跑到大树下，见一块巨石的中央被砸出一个深坑，坑里有个紫色的东西正闪闪发光。他高兴极了，回过头来对孙悟空说："大圣爷爷，找到了，就是这颗，跟我昨天上午看到的那颗一模一样！"孙悟空嗖的一声跳到这块大石旁，一脚踩地，一脚踏石，一手扶膝，一手搭凉棚，弯腰低头，睁大眼睛，仔细观赏石坑里的东西，只见它扁圆形，深紫色，像宝石一样闪闪发光，果然是昨天在瑶池门口从袋子里掉下来的那一颗。

孙悟空端详完坑里的东西，又转过身来仰头端详身旁的大树。这是一棵从来没有见过的古老大树，连林木参天的花果山都找不到一棵这样大的，只见它树干又粗又高，上面还长着人头形状的大树瘤，整个造型就像一位弯腰驼背的老头儿，正在低着脑袋寻找什么。树上枝条挺拔，绿叶盈盈，叶子间掩映着浑身长满绿刺的圆形刺蓬，有的刺蓬已经裂开，从里面露出一颗颗紫果，风一吹，有些紫果落到了地上，在夕阳的照射下闪闪发光，与砸进坑里的那颗一模一样。

正当孙悟空盯着大树沉思的时候，天空忽然飘来一朵白云，云头落下，一位道骨仙风、手持拂尘的仙人来到树下。孙悟空定睛一看，不是别人，乃是恩师菩提老祖。菩提老祖住在灵台方寸山斜月三星洞，精通三教经典和诸子百家，他曾在半夜三更给孙悟空单独开小灶吃偏饭，仅仅利用三年时间，就教会了孙悟空十八般武艺、七十二般变化和驾驭筋斗云的本领。孙悟空见恩师到来，不敢怠慢，率领小猴们齐刷刷跪倒，咕咚咕咚磕起头来。

菩提老祖把拂尘向上轻轻一挥，示意大家平身，然后对孙悟空说：“自从你离开斜月三星洞以后，野性不改，先闹龙宫，后闹地府，前天又大闹蟠桃盛会，无法无天，惹祸招灾，天上地下被你搅了个底儿朝天。好在你信守承诺，谨遵师训，始终没有说出为师的名字，不然为师早已名誉扫地。你要记住，凡事皆有度，不能做过头，如果你再这样胡闹下去，一定会大难临头的，到了那个时候，为师我也救不了你，你还是及早收手的好！”

孙悟空听了这些肺腑之言，非常感动，意识到师父是怕自己闯出弥天大祸，吃不了兜着走，专程前来提个醒，真是师徒如父子呀！于是又跪下虔诚地表态：“师父教诲，弟子谨记！”

表态完毕，站起身来继续说：“弟子近日遇到几件事情有些蒙圈，正愁没地方求教，今天师父既然来了，还请您为徒儿答疑解惑！”

菩提老祖说：“尽管问来！”

孙悟空指着砸进石坑里的紫色东西说：“这是个什么物件儿，如此其貌不扬，竟还上了蟠桃盛会？”

菩提老祖说：“你不要以貌取物，它是天下干果之王。王母举办的蟠桃盛会乃是天庭大典，如来佛祖见蟠桃会上只有水果，没有干果，蟠桃是水果之王，此果是干果之王，两种果王齐聚，才尽显天庭大典的档次和气派。于是，便叫阿南罗汉从这棵大树上把此果采摘下来，炒熟以后献给蟠桃盛会，让玉帝、王母和各路神仙尝尝稀罕。这棵大树天下只此一棵，它的果实最有灵性，只要从空中掉落下来，不管多高，也不管多远，还会回到生它养它的那棵大树下面去，这叫果落归根，跟叶落归根是一个道理。”

孙悟空恍然大悟，接着又问：“既然它是干果之王，应该非常好吃才对呀，可是弟子在瑶池咬了它一口，硬邦邦，木渣渣，既不香，也不甜，什么味道也没有哇！”

菩提老祖笑道：“是你太性急了，吃法不对，应该剥去硬壳，撕掉软皮，只吃里面娇黄的果仁，营养丰富，甜糯可口。”

孙悟空问完果，接着又问树：“师父，这棵大树的造型好生奇怪，为什么它长得不像树而像人，像一位弯腰驼背、低头站立的老头呢？”

菩提老祖无事不晓，耐心告诉爱徒：“它不像树而像人就对了，这棵大树来历非凡，是南极仙翁亲手栽下的。南极仙翁是天下地上最长寿的神仙，为了叫人类也像他一样健康长寿，就选择山清水秀的地方栽下这棵神树，精心培育，越长越大。神树就得有神的形象，为了感激南极仙翁的栽培之恩，就按照当年南极仙翁培育它的身姿生长，弯腰而立，低头看地，伸出长臂除虫驱害。”

孙悟空是个求知若渴的猴儿，对于学问总爱打破砂锅问到底儿，从不囫囵吞枣、不懂装懂，他对着大树仔细端详一阵儿，问道：“师父，弯腰而立，低头看地，您说的一点儿都不差！可是我怎么看也看不出他伸出长臂除虫驱害呀？”

菩提老祖知识渊博，不仅精通三教经典和诸子百家，而且多才多艺，美术理论水平也为常人所不及，他指着大树的主干说：“欣赏自然生长的东西，就像欣赏奇峰怪石一样，只看神似，不求形似，太似则媚俗，不似则欺世，贵在似与不似之间。悟空你看见主干从上到下那道深渠了吗？”

“弟子看见了。”

“以那道深渠为界，左侧粗壮部分是身体，右侧细长部分是手臂，那个手臂不正在拨拉杂草寻找害虫吗？”

孙悟空按照师父的思路，仰起头来再一端详，这回才从心眼儿里佩服师父的形象思维能力，他老人家点拨得一点儿都不差，乍看不像，细看才像，越看越像，恍如巨人挥动千钧板斧咔嚓咔嚓砍成的一样，虽然线条简洁粗犷，但驱虫除害的神态却活灵活现。

菩提老祖见爱徒没什么要问的了，最后叮嘱道："这棵神树结的紫果，叫'滋阴补肾长寿果'，吃了它能够健康长寿，你和孩儿们一定要精心照料好这棵神树啊！"

小猴们听说吃了紫果能够滋阴补肾健康长寿，就不管师爷在场不在场、见笑不见笑，吃到嘴里才是得的，哗的一声四散开去，风卷残云般抢吃落在地上的紫果，包括砸在石坑里的那一颗。地下的抢光了，又争先恐后地噌噌噌爬到树上，抢摘那些长满绿刺的圆形刺蓬，没想到绿刺锋利无比，顿觉刺痛难忍，一个个吱哇乱叫，接二连三地掉下树来，钻心的疼痛令他们一个个龇牙咧嘴，抓耳挠腮，打滚的打滚，乱蹦的乱蹦，千姿百态，猴相尽出。孙悟空见孩儿们在师父面前有失体统，丢了自己的脸面，很是生气，喝令他们赶紧过来给师爷跪下，自己也跪在前面恭恭敬敬地回道："请师父放心，为徒一定带领孩儿们好好照料这棵神树！"

菩提老祖微笑着转过身去，拂尘轻轻一甩，驾起祥云向西飘去，转眼间就无影无踪了。

对于菩提老祖说的"滋阴补肾长寿果"这个名字，小猴们怎么叫也叫不全，不是叫了前边忘了后边，就是叫了后边忘了前边。于是，老猴向孙悟空请示："大圣爷爷，菩提师爷说的这个名字好是好，可就是字太多，句太长，孩儿们不仅记不住，而且也叫不全，您费心给改个好记好叫的简单名字吧！"

孙悟空挠着脑袋想了想，觉得老猴说的有道理，师父给"研究生”讲课讲惯了，只考虑全面，不考虑简短；只考虑深刻，不考虑凝练。我的孩儿们刚上“幼儿园”，牙牙学语才几天，哪里会叫这么长的名字呀，是得改一改。改叫什么好呢？他围着神树一边转圈一边琢磨，琢磨来琢磨去，顿时来了灵感，既然这棵神树很像南极仙翁立在那里，就叫它“立树”吧；结的果实是立树之子，自然就叫“立子”了。孙悟空办事向来接地气、讲民主，就把这个想法跟孩儿们一说，想听听他们的意见，然后再确定下来。谁知孩儿们听了以后，高兴得直蹦，异口同声地大叫道：“改得好，改得好！”从此，小猴们就把这棵神树叫“立树”，把树上结的神果叫“立子”了。

先人造字的时候，经过深入调查研究，了解到了神树的古老传说，考虑到如来佛祖献给蟠桃盛会的滋阴补肾长寿果，是从这棵神树上采摘下来的，那么给这棵神树造字，首先就得把如来佛祖考虑进去，而如来佛祖住在西天，应该有个“西”字；这棵神树属于木本植物，还应该加个“木”字；“西”和“木”怎么组合呢？左右排列过于臃肿，还很松散；上下排列非常苗条，又很紧凑，那就“西”在上、“木”在下，组成“栗”字吧。字是造好了，发什么音呢？造字的先人想了想，小猴们平时不都叫它“立树”嘛，那就先叫后不改，发“立”的音吧。从那以后，这棵神树就叫“栗树”，树上结的果实是栗树之子，自然就叫“栗子”了。

这棵神树，当年得到了孙悟空和小猴们的巡逻保护；孙悟空离开花果山以后，得到了老猴和小猴们的巡逻保护；到了清代，又得到了迁居这里的满族先人的培育和保护。

满族发源于白山黑水之间，那里森林茂密，遮天蔽日，进入森林便可挖参打猎，是满族先人赖以生存的福荫宝地。特殊环境造就了特殊崇拜，因此满族先人特别崇拜树木，尤其是清太祖努尔哈赤，崇拜树木就像崇拜神灵一样。1618年，努尔哈赤发布了告天下“七大恨”，公开向明朝宣战，一举攻下抚顺、东洲等城。这下彻底激怒了大明王朝，遂调集二十万大军，号称四十万，分四路从东西南北分别包抄后金都城赫图阿拉（在今辽宁省新宾满族自治县），来势汹汹，意在一举荡平后金，彻底铲除后患。

当时后金人马不多，迎敌之前，努尔哈赤为了鼓舞士气，以壮军威，便率领八旗将士隆重祭拜曾经保佑过他的那棵神树，亲自宣读《祭文》：

神树赤松，故情绵长。当年流离，于此结房。
感君相助，赐我参王。解我危困，饱我饥肠。
族人相逼，加以刀枪。金光巨蟒，汝现灵光。
贼众逃窜，龙敦仓皇。族人悔悟，聚我身旁。
义旗高举，靖彼四方。大金建国，佑我家邦。
嗟尔大明，民心尽丧。黑云贯日，不日将亡。
吊民伐罪，世道沧桑。八旗铁骑，锐不可当。
驰骋中原，饮马长江。革故鼎新，神鹰飞扬。
神树赤松，启运隆昌。今又显灵，国运当旺。
百鸟翔集，鹤鸣于岗。紫气东来，龙凤呈祥。
神树隆恩，永世不忘。敬彼神灵，享我蒸尝。

祭罢神树，军威大振，士气大涨。接着努尔哈赤采取任你几路来、我只一路去的战略，集中兵力，迎战四路明军当中实力最强的西路军，西路军一破，其他各路明军必作鸟兽散。开战时，后金军以一当十，锐不可当，加之不知什么原因，明军用火器射向后金军的冲天火焰，却被突然刮起的大风吹向明军，烧得明军喊爹叫娘，抱头鼠窜。其他三路明军见实力最强的西路军瞬间溃不成军，俱人人自危，个个胆寒，有的虚晃一枪，拔腿就走；有的后队变前队，不战自退。

努尔哈赤认为，在敌强我弱、兵力相差悬殊的情况下，后金军仍能以少胜多，取得赫图阿拉保卫战的辉煌胜利，是神树暗中保佑的结果。于是下令，凡我族人，今后必须像爱护生命那样爱护树木，尤其要更加爱护古代树木。

迁居栗树沟的满族先人不敢违背祖训，他们像清太祖努尔哈赤那样，把这棵古代栗树奉若神灵，倍加呵护，不敢有半点儿差池，该施肥的时候施肥，该浇水的时候浇水，该剪枝的时候剪枝，该除虫的时候除虫，这才使它始终保持枝繁叶茂、春华秋实，成为闻名遐迩的中华板栗王。

板 栗 相

在青龙东部祖山镇花厂峪村的北山脚，错落生长着 12 棵高大的古代栗树，尽都树围粗壮，树冠庞大。中间一棵鹤立鸡群，树高 15 米，树围 4.7 米，树龄约有四五百年，横竖生长着五大主枝，其势犹如一只巨大的开屏孔雀，正在展示靓丽的尾羽。而其他 11 棵或东或西，或南或北，尽都生长在它的周围，那阵势，犹如众星捧月。

这棵古代栗树同西部凉水河乡下草碾村的中华板栗王相比，还是小了好多，但比全县其他古代栗树却大了好些，处于一树之下、万树之上的位置。笔者想，在古代只有丞相才处于一人之下、万人之上，就叫它“板栗相”吧。

明代为了及时发现边关军情，每到冬季，长城守军就到关外烧荒，把花草树木全部烧光，跑只兔子都能看得清清楚楚，为什么与花厂峪口近在咫尺的板栗相却能幸存到今天？当地人说与花厂峪口东面的长城媳妇楼守军有关。长城敌楼向来都由男人戍守，为什么这座敌楼却叫“媳妇楼”？ 2014 年我写《青龙长城文化》一书时，曾经搜集过有关媳妇楼的民间传说，当时为了压缩篇幅，舍去了一些与边关战事关联不大的内容，其中就包括媳妇楼守军与板栗相所结的不解之缘。今天为了弄清板栗相的来龙去脉，把舍去的内容重

板栗相 位于青龙东部祖山镇花厂峪村。（刘玉宗摄）

新补上。

明代嘉靖年间，浙江义乌有位武夫叫薛战，三十出头才得一女，夫妻俩视如掌上明珠，因为没有儿子，希望女儿长大以后，能像替父从军的花木兰、击鼓抗金的梁红玉，于是，就给女儿取名叫“薛兰玉”。

兰玉刚到 8 岁，父亲就教她舞枪弄棒，练习武艺。到了 16 岁，出落得苗条水灵，刀枪剑戟无所不精。每天登门保媒的人踏破了门槛，可姑娘就是不答应，非要比武招亲。父亲疼爱女儿，只好依从，就在门前搭起擂台，贴出告示。十里八村有点儿武艺的小伙，争先恐后前来比武，大都没过几个回合，就被兰玉踢下台去。这一天，来了个浓眉大眼、膀阔腰圆的英武小伙，兰玉与他十八般兵器比了个遍，也难分胜负。兰玉心中暗喜，双手抱拳说：“请壮士到寒舍一叙。”兰玉把小伙领到家里，请父母相看。父亲细一盘问，才知是金华同门师弟的儿子，叫“郝杰”，如今父母双亡，孤身一人。既然女儿愿意，当父母的自然赞同，于是，择个良辰吉日，办了喜事。从此，夫唱妇随，和和美美。

一天，浙江总兵戚继光到义乌招兵，因为义乌人向来性格彪悍，作战勇猛，远近闻名。郝杰早就听说戚继光驻守山东登州时就百战百胜，战功赫赫，这才把他从北方调到南方，与福建总兵、广东总兵一起，共剿倭寇，所以郝杰和其他年轻人一样，特别崇拜戚继光，都想到他手下当兵。郝杰听到戚继光来义乌招兵，这可是天赐良机，立即跑去报名。由于郝杰身强体壮、武艺精湛，一下子就被选中。郝杰喜出望外，赶紧回家报喜。岳父岳母非常支持，兰玉也不贪恋儿女私情，见丈夫终于有了用武之地，抿不住嘴地乐。

郝杰为自己能够加入戚家军感到无比自豪，入伍后训练更加刻苦。戚继光结合南方优势，针对倭寇弱点，创造了举世闻名的鸳鸯阵法，把长短兵器、冷热兵器统筹编队，取长补短，互相配合，大大提高了作战能力，屡屡消灭来犯倭寇。戚家军的骁勇善战，名震福建和广东。

东南沿海的倭患平息以后，北方边境却出现危机，蒙古鞑靼部屡屡犯边，有一次皇帝御驾亲征时，他们竟把皇帝给掳了去。于是，朝廷又把抗倭名将戚继光从南方调到北方，任蓟镇总兵官，镇守蓟州、迁安、卢龙、抚宁、山海关一带。他看到北方士兵军纪涣散，战力不强，就请示兵部，把一部分戚家军从南方调到北方，郝杰恰在其中，分在了石门路（今石门寨）。石门路参将知道戚家军个个是勇士，人人是英雄，就把郝杰分在了军事要塞义院口。义院口提调叫他当了花厂峪口北侧敌台的台总。

再说薛兰玉，丈夫参军以后没过几年，家乡闹起瘟疫，母亲染病去世。父亲因思念老伴，也一病不起，临终前对女儿说："我走以后，你无依无靠，还是到边关找你丈夫去吧！"说完就闭上了双眼。兰玉大哭一场，安葬完父亲，不顾路途遥远，徒步奔向北方，历尽千辛万苦，终于来到花厂峪口，夫妻相见，百感交集，说起二老，悲痛万分。从此以后，兰玉就和丈夫住在敌楼里，白天给守兵买菜做饭，缝补衣裳；晚上陪丈夫站岗放哨，保卫边疆。生活虽然艰苦，但和丈夫在一起，再苦再累也觉甜蜜。

一年深秋，兰玉挎着篮子到北面山沟去采野果，发现一片大栗树下面落了不少栗子，又紫又亮，捡起一颗剥去硬壳和软皮，栗仁儿娇黄娇黄，扔嘴一嚼，嘎嘣山响，又甜又脆，而老家义乌的栗子，入嘴无声，木木渣渣。兰玉喜出望外，捡了满满一篮挎回敌台，炒熟以后叫大家品尝。守兵来自四面八方，都说花厂峪的炒栗子吃到嘴里又甜又糯，比自己家乡的栗子好吃多了。

兰玉奇怪地问丈夫：“你们年年冬天出关烧荒，为啥这片栗树没被烧毁呢？”

丈夫告诉她：“我们只烧蒙古骑兵经常出没的交通要道，这片栗树生长在祖山脚下，祖山又高又险，是天然屏障，烧了祖山等于自毁屏障，这些栗树借了祖山的光。”

从这以后，兰玉又多了一项活计，抽出时间侍候这片栗树，春天剪枝浇水，夏天压上绿肥，秋天捡拾栗果，冬天用栗子做饭做菜，虽然比以前累了一些，但见到大家喜笑颜开地吃栗的情景，兰玉心里美滋滋的。这片栗树在兰玉年复一年、日复一日的精心培育下，越长越大。

边关不会永远平静。一天夜里，郝杰在敌台监视敌情，兰玉在里面缝补衣裳。忽然听到塞外传来三声鞭炮响，顺着声音望去，烽火台很快燃起三堆烟火。郝杰知道这是尖夜（侦察员）发回来的警报，三炮三烟说明来敌三千。于是，他吩咐一名守兵赶紧骑上快马把敌情报告给义院口提调，再由提调报告给石门路参将，好迅速带兵来防。谁知报信儿的士兵慌不择路，战马陷入泥潭，久久挣扎不出来，只好步行报警，耽误了参将发兵时间。

此时，鞑靼骑兵已经来到长城脚下，砍来带杈的树木当梯子，正准备登上城墙。郝杰指挥剩下的两名守兵，一人点燃石雷引信，顺着城墙雷石孔往下扔；另一人和自己张弓搭箭，一起射杀爬城的鞑靼兵。兰玉也上阵帮忙，一个接一个地搬运石雷。鞑靼兵有的被炸伤，有的被射死，但他们仗着人多势众，前边的倒下，后边的又上。石雷快用光了，箭也快射完了，明军主力还没有到。邻近敌台和城墙，也在各自为战，整个花厂峪口杀声震天，火光一线。这时

明代长城花厂峪口媳妇楼。（王得志摄）

候，两个鞑靼兵竟然顺着树梯爬上城墙，一人砍死一个守兵。郝杰和兰玉红了眼，拔出砍刀一人对付一个，没几个回合，全都砍下城去。不幸的是，一个刚刚爬上来的鞑靼兵，从背后悄悄砍了郝杰头部一刀，郝杰血流如注，当场阵亡。兰玉见状，怒火中烧，手起刀落，为丈夫报了仇。此时又有两个鞑靼兵顺着树梯往上爬，兰玉放下砍刀，拿起钢叉叉住树梯向外一推，鞑靼兵连人带梯骨碌骨碌滚下山去。鞑靼兵借着火光看出这段城墙只剩一人把守，便肆无忌惮地一齐往上爬。正当兰玉顾了东顾不了西的时候，石门路参将率兵赶到，利用先进的火器，把鞑靼兵打得像潮水一样退了下去。明军随后出花厂峪口追击，把鞑靼兵团团围住，只有鞑靼兵的头目单枪匹马落荒而逃，其余全部被俘。

头目骑一匹快马，向椁椤岭方向疾驰如飞。还没跑到岭根儿，突然马前一声断喝：“哪里走？”把头目吓得魂飞魄散。此时天已蒙蒙亮，借着晨曦一看，原来拦在马前的是一位年轻女子，手握长枪挡住去路。头目暗想，重重包围我都闯出来了，一个女流之辈能奈我何？于是催马向前，举刀便砍。女子歪头躲过，顺势一挺长枪，朝着头目胸部刺去，正好刺中心口，顿时鲜血喷出，一命呜呼。这位年轻女子不是别人，正是比武招亲的郝杰媳妇薛兰玉！

薛兰玉帮助丈夫守住了敌台，又单枪匹马杀死鞑靼兵头目，立下了赫赫战功。石门路参将迅速把战况上报蓟镇总兵戚继光。戚继光听说郝杰为国捐躯，兰玉为国争光，不愧是戚家军的军人和家属！戚继光百感交集，既悲痛又自豪。为了树立榜样，鼓舞全军，于是下令奖给兰玉纹银百两，并手书“勇赛花梁”四个大字，意思是说薛兰玉勇猛英武远超花木兰和梁红玉，叫人制成金字牌匾，然后敲锣打鼓、抬上金匾，隆重地把女英雄薛兰玉送回家乡。谁知兰玉谢绝总兵奖赏，执意要替丈夫守卫边疆，永远与丈夫英灵相伴。

戚继光听后唏嘘不已，含泪答应了兰玉的请求，令她接替丈夫郝杰当台总，率领士兵继续守卫郝杰守卫过的那座敌台。当时在长城沿线，像郝杰和兰玉这样夫妻共守边疆的不止一台，为了叫其他台总媳妇也像薛兰玉一样巾帼不让须眉，英勇杀敌，戚继光把这座敌台命名为“媳妇楼”。从此，薛兰玉名声大震，远播北疆，鞑靼兵即使来犯中原，也不敢从花厂峪口进入，往往选择攻打其他关口。

在以后的漫长岁月里，兰玉一如既往，和士兵们一边守卫边疆，一边照管花厂峪那片栗树，因为栗子既能做主食，又能做副食，是自产的上好军粮。在她和军士们的精心照料下，这片栗树越长越旺。

到了日伪统治时期，花厂峪因为紧靠地形险要的祖山，进可虎跳辽西，退可进入中原，因此，这里成了共产党的抗日根据地，临（榆）抚（宁）凌（源）青（龙）绥（中）联合县办事处就设在花厂峪村的靴脚沟里。日本侵略军为了消灭联合县办事处的共产党和八路军，就从山海关、龙王庙等地调集大批日伪军，对花厂峪抗日根据地进行铁壁合围。在敌强我弱的情况下，联合县办事处领导和八路军本着打得赢就打、打不赢就走的游击战略，派 18 名干部留守根据地，其余全部转移。留守干部在群众的掩护下，钻进了祖山密林，除一名干部因到山谷喝水而被日军开枪打死外，其他 17 人全都安然无恙。日伪军气急败坏，放火焚烧祖山，想用大火把群众和留守干部逼出密林。大火烧了一个多月，群众掩护留守干部从这个山洞躲到那个山洞，始终没有出山。凡遇山火，风总是向上刮，火总是向上烧，因此，山上烧得漆黑一片，山下栗树却依然繁茂。

说来也怪，板栗相从古至今，每到危急时刻，总能逢凶化吉，真是应了人们常说的那句话：大难不死，必有后福。如今，板栗相已被市县林业部门列入古树保护名录之中，指定了专门保护单位，如有闪失，将追究责任，看来板栗相没有后顾之忧了！

板 栗 帅

在青龙中部冷口温泉栗树小镇的北山洼里，有一棵很粗很高的古代栗树，树围 4.6 米，树高 13 米，树干挺拔，树冠婆娑，树龄大约在 400 年以上，直到现在仍然生机勃勃、硕果累累。

这棵古代栗树，大小上仅仅次于花厂峪村的板栗相，在全县所有古代栗树当中排名第三。如今在它的阳面，又从根部向斜上方长出一棵又细又高、笔直笔直的幼树，犹如丈八长矛戳在地上；周围还有 40 多棵古代栗树，虽然赶不上这株老树高大，但棵棵枝条挺拔，长势茂盛，像一群戴盔披甲、威风凛凛的将军等候调遣；而这棵老树和幼树，就像一位身材魁梧、手执长矛的元帅，正向各位将军发号施令。因此，笔者叫它“板栗帅”，把周围的古代栗树统统叫作“板栗将”。围绕板栗帅和板栗将，民间还有一段情节曲折的传说呢！这段传说与中华板栗王的传说紧密相连。

相传很早以前，冷口温泉北山住着一对小两口，因为他们与西部栗树沟里栗树王（即今“中华板栗王”，古时叫“栗树王”）产的栗子结下了不解之缘，人们便忽略了他们的姓名，直接把男的叫“栗哥”，把女的叫“栗嫂”。

栗嫂的娘家是著名的中医世家，她从小在父亲的传授和熏陶下，系统地掌握了中医药知识。结婚以后，她听说栗树王结的栗子

板栗帅 位于青龙中部冷口温泉栗树小镇。（刘玉宗摄）

青龙湾度假区冷口温泉。（沈忠宝摄）

有滋阴补肾、益寿延年的功效，于是，每年秋末，就和丈夫前去收购栗子，回来以后配上一些贵重的中草药材，经过精细加工，制成各种药丸，有栗子补肾丸、栗子壮腰丸、栗子大力丸、栗子送子丸、栗子长寿丸等，用这些栗子系列药丸给乡亲们治病，功效神奇，药到病除，深受广大患者好评。他俩用栗子配药治病的消息越传越远，慕名前来求医的人络绎不绝。

一天上午，有位帅气的青年人，骑着高头大马来到门前，拴好马匹，快步进院，自称是青龙河中游北庄李员外的干儿子，姓"吴"名"德"，烦请栗嫂前去给李家少爷李梦看病。

栗嫂向来有求必应，此时她虽然身怀有孕，但月份较小，不影响出诊。她不顾路途遥远，立刻背上药箱，叫栗哥看家，谁来买药好不耽误事情，自己骑上家中的大白马赶紧跟吴德奔70里外的李员外家。中午在青龙河下游西庄饭店吃顿午饭，下午继续赶路，傍晚才到李员外家。

进屋一看，只见少爷李梦躺在床上，瘦骨嶙峋，脸色蜡黄，连眼皮都有些抬不起来。他的妻子赵翠立在床边，花枝招展，模样俊俏，燕语莺声。栗嫂询问李梦的病情，李梦说起话来有气无力，只得由妻子赵翠代为介绍："听公爹说，我丈夫从小身体就不好，经常腰疼。我俩结婚以后，他更是一天不如一天，近些日子腰疼得更加厉害，腰杆儿都有些直不起来；而且浑身浮肿，脚背肿得像包子一样，连袜子都穿不进去；撒尿淅淅沥沥，好像要撒不出来的样子。"

栗嫂又给李梦号了号脉，看了看舌苔，通过望闻问切，就知道李梦原来得过肾病，结婚以后由于房事过度，肾病加重，如果不及时治疗，就会逐渐转化成尿毒症，到那时候再治就治不好了。就对赵翠说："我给你丈夫留下栗子补肾丸12盒，每盒10粒，每天一粒，吃上四个月，就能去除病根儿，恢复如初。"赵翠叫吴德拿出20两银子交给栗嫂，栗嫂只收10两。由于天色已黑，当晚由李家厨娘做伴，栗嫂就住在了李员外的客房里，第二天才回家。

过了三个月，吴德一大早就匆匆赶来说："栗嫂，李梦吃了三个月的栗子补肾丸，不仅没见好转，反而病情加重，浑身浮肿得更加厉害，撒尿特别困难，眼看就要不行了，我干爹恳请栗嫂无论如何也要前去抢救，不然李家就断了香火了。干爹家里这几天事情特别多，离不开我，这条路您以前走过，收拾收拾赶紧去一趟吧，我先走一步，就不给您带路了。"吴德说完，急忙上马往回赶。

栗嫂一听，觉得不太可能呀，我配制的栗子补肾丸，已经治好了不少相同类型的病人，怎么李梦吃了反而病情加重了呢？这里肯定有猫腻，人命关天，尽管我怀孕已经六个多月，行动有些不便，也必须亲自去一趟，一来抢救李梦生命，二来弄清病情转重原因，就吩咐丈夫栗哥赶紧备马。

栗哥不放心栗嫂，怕她吃不消，就劝阻说："从咱家到李员外家路途遥远，一路上又翻岭，又过河，咱们的孩子月份已大，你受不了长途颠簸，还是我替你去吧！"长时间的耳濡目染，加上栗嫂细心传授，栗哥也学会了用栗子配药治病的医术，每当栗嫂忙不过来的时候，遇到一般病症，经常由栗哥替栗嫂出去给乡亲们看病送药。

但是，栗嫂想这次不一样，这已经不是单纯的治病问题，这里很可能有人在搞阴谋诡计，如果我不亲自前去，不揭穿坏人的伎俩，不仅李家少爷无辜受害，我家的药店也将信誉扫地，就坚定地对丈夫说："咱俩骑一匹马，你保护我，这次我非亲自前去不可！"

栗哥见说不动栗嫂，只得依从。夫妻俩带上药箱，骑上那匹大白马立刻出发，向东穿过沙河，翻过山岭，将近中午来到青龙河下游西庄。栗哥觉得走了半天，马该喂一喂，栗嫂也该歇一歇了，吃点儿午饭再走。栗嫂同意了，二人进了路旁饭店，上次吴德请栗嫂时就在这里吃的饭。这家饭店是由一对夫妻开的，男的四十来岁，叫张财；女的三十出头，叫王娟。栗哥要了几张葱花饼，点了几个小菜，又要了一壶老酒，给栗嫂要了一壶茶。

王娟造厨，张财端盘，二人手脚麻利，烹饪纯熟，不大工夫饭菜齐备。紧接着张财拿了一壶酒和一壶茶上来，把茶壶放在栗嫂面前，自己拿着酒壶对栗哥说："栗哥栗嫂是老顾客，经常光顾小店，这壶老酒是小店赠送的，待会儿再送两个小菜。"说完，就坐在栗哥身边，一边聊天，一边倒酒，热情地陪着栗哥喝起来。

酒足饭饱以后，栗嫂准备上路，可是意外发生了，栗哥竟一醉不醒，身体软得像滩泥一样。无论喝醒酒汤，还是灌葛根水，都无济于事，直至天黑也没醒过来。栗嫂心急如焚，但也无可奈何，只好在店里住了下来。

刚到半夜，就听店主张财和店嫂王娟吵了起来，争吵的声音越来越大。栗嫂住在隔壁，急忙过去劝解，见王娟竟然气得晕了过去，人事不知。栗嫂赶紧抢救，又是掐人中，又是做人工呼吸，王娟这才慢慢苏醒过来。

经过这场生死营救，王娟非常感激栗嫂的救命之恩，就和栗嫂结拜成干姐妹。为了防止王娟再次犯病，栗嫂叫张财到栗哥屋里去睡，自己和王娟住在一起。栗嫂规劝王娟说："妹妹为啥气性这样大呀？没听说气大伤身嘛！气坏了身子可是自己一辈子的事情，凡事都要大事化小，小事化了，两口子没有舌头碰不着牙的，以后可千万别再这样糟践自己啦！"

王娟听了姐姐的肺腑之言，心里更加难过，眼泪扑簌簌流了下来，既然已经结拜成干姐妹，就没有必要瞒着掖着，她边哭边告诉吵架原因："我见栗哥喝完酒以后半天不醒，就觉得事情有些蹊跷，因为栗哥以前在店里喝酒从来没醉过。于是我问张财这是怎么回事，是不是在酒里动了手脚，张财什么事情都不敢瞒我，就从头到尾给我讲了一遍。原来吴德从你们那里回来以后，先到我家店里，他料定你们肯定在这里吃午饭，就预付了午饭钱，并且交给我丈夫一把转壶，说里边有胆，胆中间有隔断，把胆分为两半，每半各留一个小孔，左半装酒，右半装水，给客人倒酒时就按住壶盖向右转，盖儿转胆也转，使左边小孔对准壶嘴，倒出来的就是酒；给自己倒时，按住壶盖向左转，使右边小孔对准壶嘴，倒出来的就是水。这种转壶是专门为不会喝酒的东家设计的，这样既陪好了客人，自己又没沾一滴酒。因为我丈夫从来不喝酒，本来不打算相陪。吴德说栗哥栗嫂是他干爹请来的救命恩人，论理他该亲自相陪，因为李员外家有急事需要立即赶回去，烦请张财替他陪一陪，用这把转壶，给栗哥喝酒，叫张财喝水，既不失礼数，也醉不了张财。吴德还说不叫张财白陪，他掏出十两银子，递给张财算作酬劳。张财是个乐于助人的实诚人，觉得这点小事儿只是举手之劳，何况还给报酬，就是不给报酬该帮也得帮呀，于是痛痛快快地答应了。没想到栗哥喝完酒以后，竟一醉不醒，是张财耽误了姐姐抢救李家少爷的大事情，伤天害理，所以我跟他大吵大闹起来。我平时心脏不好，搁不住气，气急了就人事不知晕了过去，如果不是姐姐及时抢救，妹妹早就一命归西了。”

栗嫂听了王娟的一席话，非常惊讶，然而又故作镇静，她料定转壶里的酒有问题，不可能是普普通通的酒，就对王娟说：“妹妹身体虚弱，你躺着别动，告诉姐那把转壶放在哪里，我取来看看里边还有没有剩酒。”

王娟说：“在厨房碗架的最上层，那把锡壶就是。”

栗嫂披衣下炕，来到厨房取来那把非常惹眼的锡壶，顺便又拿来一个酒盅，手执酒壶后手抬高往酒盅里一倒，果然里边还有一些剩酒。栗嫂闻了闻，又用舌尖舔了舔，凭她多年的经验，肯定地说酒里有迷药，而且药力非常强，至少三天三夜才能醒过来。就嘱咐王娟说：“妹妹无论如何要保管好这把转壶和里边的剩酒，日后恐怕有用得着的时候。”王娟点头答应。

栗嫂彻夜未眠，预感事情不妙，这里恐怕有人命关天的大阴谋，如果不及时赶到李员外家，恐怕要出大事情。可是着急有啥用，自己身怀六甲，没有丈夫保护无法上路，万般无奈，只得耐心等待。

到了第四天清晨，栗哥终于醒了过来。栗嫂把吴德故意下药迷倒他、耽误行程的情况跟丈夫说了一遍，栗哥也意识到了问题的严重性。夫妻俩急匆匆吃了点儿早饭，骑上大白马赶紧奔李员外家。一路上不断地用鞭子抽打马屁股，本来就已经四蹄生风，却还嫌跑得慢，拐过一个山湾又一个山湾，穿过一个村庄又一个村庄，终于来到李员外家的村头，老远就听见哀乐低回，哭声一片。走近一看，只见李员外家大门旁边挂着白幡，人们身上披着白纱，进进出出，忙里忙外。跟村里人一打听，原来李家少爷已经去世两天了。

此时栗哥和栗嫂确实是进退两难，进可能是飞蛾扑火，退肯定是替人背锅。二人在马上商量了一会儿，决定光明磊落，泰然处之，明知山有虎，偏向虎山行，无论如何不能蔫退，蔫退只能说明心虚，只能说明理亏，必须进去把来晚的原因跟李员外解释清楚，否则不仅夫妻俩信誉扫地，而且影响人品和人格，人品和人格可是立身之本呀，不能有半点瑕疵！主意拿定以后，栗哥扶着栗嫂下马，把大白马拴在一棵柳树上，然后搀扶着栗嫂不慌不忙地向李家大门口走去，对下人表明身份，说明来意。

下人赶紧进院禀报吴德，吴德出来把二人迎进客厅，还没等落座，突然闯进来几个彪形大汉，不容分说，就把栗哥和栗嫂绑了起来。吴德叫大汉们把二人押到李员外面前，硬说栗嫂配的药丸有问题，活生生治死了少爷。

李员外因为悲伤过度，此时身体非常虚弱，见到栗哥和栗嫂气得浑身乱颤，指着他俩气急败坏地说："庸医，伤天害理的庸医，我儿子和你们有什么深仇大恨，你们非要治死他！况且，我儿子病危时候你们不来，死了以后你们才来，你们安的什么心？赶紧给我儿子偿命去！”

栗哥见李员外果然先入为主，片面听信了吴德的一面之词，把屎盆子一股脑儿扣到了他们两口子身上，这可是人命关天的大事情，不能他们咋说就咋是，必须马上解释清楚，现在如果不解释清楚，将来就是跳进黄河也洗不清。于是，栗哥申辩说：“员外，不是您说的这样，是吴德他……”

吴德见栗哥要向李员外揭穿自己，那自己犯的可是滔天大罪呀，无论如何不能叫他继续说下去，甚至不能留活口，留了活口后患无穷。于是大喝一声：“住口！”并把眼色朝旁边一丢，说时迟，那时快，一个凶神恶煞般的大汉，立刻举起碗口粗的木棒朝着栗哥狠狠打了下来，打得栗哥当即倒在地上昏死过去，大汉举起木棒还要朝栗哥头部继续打。栗嫂一看不好，奋不顾身地扑上前去，紧紧护住栗哥的头部，此时恰好木棒落下，不偏不倚，正好打在栗嫂头上，头骨崩裂，血流如注，栗嫂倒在了血泊中。

吴德见打死了栗哥和栗嫂，就叫家人趁着夜色，把他俩的尸体抬出门外，神不知鬼不觉地扔进了波涛滚滚的青龙河。那时候青龙河的水特别深，能够行驶满载货物的船只和木筏，往关里运送木材和土特产，再从关里运回布匹和食盐。所以，不管往河里扔多重的东西，都能轻而易举地冲到下游去。

再说店主张财，听李员外家派来给亲戚报丧的人说，李家少爷因为没有得到栗嫂的及时抢救而一命呜呼了，觉得这件事情与自己药晕栗哥有直接关系。他心眼儿特别小，越想越觉得自己做了一件伤天害理的亏心事，因而非常自责，心情不免抑郁起来，加上妻子王娟老是埋怨，使他失去了活下去的勇气，顿时起了轻生念头。

那天晚上，张财辗转反侧，彻夜无眠。清晨起来，他换上一身干净衣服，替熟睡的妻子捋了捋头发，掖了掖被角，然后一步三回头地离开家门，顶着下了多时的细雨，朝着村东青龙河边走去。生与死的抉择是非常艰难的，真要到了节骨眼儿上，往往会出现反复与犹豫。张财到了河边，回头望望生他养他从未离开过的家乡，望望父母省吃俭用盖起的瓦房，望望夫妻二人经营多年的小店，眼泪不由自主地扑簌簌流了下来，心中十分不舍。然而，已经钻进牛角尖的人，即使有所犹豫，也很难再重新钻出来。他思前想后，觉得如果继续活在世上，有何面目见正直善良的父老乡亲？有何面目见贤惠勤劳的妻子王娟？有何面目见救死扶伤的栗哥和栗嫂？这些人自己都没脸相见，活在世上还有什么意思！想到这里，他毅然决然转过身去，把心一横，抬脚跳进了深不见底的青龙河。

以往都是王娟起得早，张财起得晚，今天王娟一觉醒来，却不见了丈夫张财。她感觉有点儿不对劲儿，赶紧穿上衣服四处寻找，找遍了丈夫以往去过的所有地方，也没有找到。情急之中，她发现在泥泞的地上有一排新鲜脚印，而这排脚印正是丈夫留下的，她沿着脚印走哇走哇，一直走到青龙河边，忽然脚印不见了。她意识到事情不好，赶紧喊来乡亲们进行打捞。

乡亲们都是在青龙河边长大的，从小就泡在河里捉鱼摸虾，多数人水性很好，只有少数人是旱鸭子。水性好的跳进水里往下游，水性差的沿着河岸往下追，水陆并进，找了好长一段距离，也没有找到。正在心急火燎之时，忽然看见水里忽悠忽悠漂着两个人，乡亲们一阵高兴，游过去赶紧打捞上来。王娟上前一看，不是张财，而是栗哥和栗嫂，栗嫂早已断气，栗哥已经苏醒，虽然背上有伤，仍把栗嫂尸体紧紧抱在怀里。

王娟叫大家赶紧在路边用苇席搭个凉棚，凉棚里摆上拍子，把栗嫂尸体暂时停放在拍子上，把栗哥扶到家里，为了暖身驱寒，烧些姜汤给他喝。栗哥身体底子好，虽然背部棒伤不轻，但是没有伤筋断骨，休息一下就能坚持走动。此时栗哥才从王娟嘴里得知张财跳河轻生的消息，心里不胜悲痛。

王娟埋怨归埋怨，对丈夫还是一往情深，因为丈夫毕竟是一时糊涂、鬼迷心窍，才做了傻事，平时可是心地善良、勤俭持家的好男人。因此，心里非常难过，总是以泪洗面。由于张财尸体当天没有找到，王娟只好把丈夫留下的衣服和帽子装进棺材，暂时先埋一个衣冠冢，待以后尸体找到了，再正式安葬。王娟披麻戴孝，在衣冠冢前一边烧纸，一边号啕大哭。栗哥和乡亲们也在冢前行礼。王娟哭得死去活来，本来红红火火的小店，如今只剩自己一人，无依无靠，非常可怜。

栗嫂生前不管刮风下雨，不管天寒地冻，经常走乡串户为乡亲们送药治病，经她挽救过来的危重病人不计其数，乡亲们非常感激她，都说她是活菩萨转世。如今见她被人活活打死，心里非常难过，也非常惋惜。为了寄托哀思，报答栗嫂生前的恩德，乡亲们出料的出料，出工的出工，主动帮忙打了松木棺材，做了装老衣裳，扎了纸人纸牛，七手八脚共同准备葬礼所需的一切物品。

第二天吃过早饭，从邻村请来了鼓乐队，由于栗嫂没有儿女，就破例由栗哥在前面打幡，王娟在旁边扶棺，乡亲们有的抬棺材，有的拿纸扎，有的撒纸钱，在哀乐声中翻山越岭，向冷口温泉北山进发。一路上，各村的乡亲们听到栗嫂被害的消息以后，好多人都为之落泪，并自发地加入送葬队伍。人越聚越多，队伍越滚越大，到了冷口温泉北山已是人山人海，哭声震天。在司仪的指挥下，乡亲们为栗嫂隆重地举行了安葬仪式。

西部栗树沟的乡亲们听到噩耗以后，觉得栗嫂生前用栗树王结的栗子配制良药，使不少疑难杂症得以治愈，使不少危重病人起死回生，栗嫂治病救人离不开栗树王，栗树王造福百姓也离不开栗嫂。于是，就从栗树王脚下落栗长出来的树苗里，挑选了一棵长势最旺的挖来，栽在栗嫂坟旁，象征栗嫂没有死，仍然活在世上为乡亲们送医送药救死扶伤。

多少年以后，这棵栗树苗也长成了参天大树，与西部的中华板栗王和东部的板栗相遥相呼应。因为它比中华板栗王小了好多，仅比板栗相小了一点点，在全县古代栗树当中居于第三，笔者想，古代官员文大武小，也就是说丞相大于元帅，那就叫它“板栗帅”吧！

板　栗　将

上篇开头说过，在板栗帅的脚下，还有一片古代栗树林，分布在紧密相连的两个山洼里，共有40多棵，树围多数在两三米以上，遮天蔽日，非常茂盛，宛如一群戴盔披甲、威风凛凛的将军，列队等待元帅调遣，因此，笔者把这片古代栗树林叫作“板栗将”。围绕板栗将也有一个传说，这个传说与板栗帅的传说紧密相连，是板栗帅传说的下集。

栗哥给栗嫂过完“五七”以后，总想弄清楚为什么李员外的干儿子吴德要害死我们两口子呢，知道原委以后好给贤妻报仇。于是，决心再去李员外家探个究竟。

栗哥拿定主意以后，第二天吃过早饭，骑马向东蹚过沙河，翻过山岭，直奔青龙河岸边，将近中午，恰好赶到西庄饭店，栗哥想看看救命恩人王娟，顺便在那里吃顿午饭，于是拴好马匹，喂上草料，这才走进店里。

王娟见栗哥来了，非常高兴，互相问候之后，一边给栗哥做饭，一边跟栗哥聊天。王娟因为多次接触过栗哥，她认为栗哥正直善良，聪明能干，敢于担当，忠于爱情，是方圆百里最好的男人，于是，聊着聊着就情不自禁地向他敞开了心扉，面带羞涩地说：“栗哥，如今你没了栗嫂，我没了张财，咱俩都孤苦伶仃，无依无

板栗将（部分） 位于青龙中部冷口温泉栗树小镇。（刘玉宗摄）

板栗将（部分） 位于青龙中部冷口温泉栗树小镇。（刘玉宗摄）

靠，后半生可怎么过呀？你要是不嫌弃我，咱俩一起过吧！”

王娟这番表白，正中栗哥心怀，他也早有这个想法，只是不好意思开口，今天听王娟说出心里话，他喜出望外，高兴地说：“妹妹是我的救命恩人，又如此贤惠，咱俩在一起过我求之不得。可是，我还有一件大事情没有办完，怕连累你，才一直没敢跟你说出我的心里话。”

王娟问：“什么大事情？尽管跟我说，只要我能帮助你，就是上刀山、下火海，也在所不辞！”

栗哥心里想，要弄清楚吴德为什么与我们夫妻俩过不去，就只有到李员外家，把栗嫂没有及时赶到的原因如实告诉李员外，先打消他对我们的怀疑和误解，然后才能进一步了解情况。如果我去告诉，由于吴德已经把责任强加在栗嫂和我的头上，李员外也已先入为主、偏听偏信，对我俩恨得咬牙切齿，不容分说就会叫家人把我抓起来送官。因此，要混进李员外家里，只有陌生女子打进去才最为合适，而李员外从来不认识王娟，只有她才是最佳人选。可是，又不知道王娟是啥心思。再说，从这一桩桩一件件来看，那个吴德非常狡诈，万一露出破绽，会有性命之忧，我也不能让救命恩人去冒这个险呀！现在王娟主动表明心迹，我俩即将成为夫妻，栗嫂又是她的干姐姐，请她帮这个忙肯定不会推辞。于是，就把要托人去李员外家说明实情、以便为栗嫂报仇的想法向王娟和盘托出。

王娟说：“我当啥事呀，原来是这件事情呵，姐姐生前曾经救过我的命，大恩未报，心里不安，作为妹妹为姐姐报仇雪恨理所应当，吃完午饭，咱俩一起去！”

见王娟如此侠肝义胆，栗哥高兴极了，说：“太好了，有你帮忙肯定成功！”

栗哥与王娟吃过午饭，共骑一马，沿着青龙河西岸小道迤逦前行，傍晚来到青龙河中游北庄，在一个亲戚家暂时住下。

没过几天，正值吴德出远门办事情，三四天以后才回来。王娟恰好这时也托亲靠友当上了李员外家的佣人，她手脚勤快，干活麻利，不多言不多语，颇得李员外信任。

一天，王娟一边打扫李员外卧室，一边把吴德如何买通张财下药迷倒栗哥、使栗嫂不能及时赶来抢救少爷的情况，向李员外细说一遍。

李员外这才如梦初醒，原来害死儿子的仇人就在身边，

这个披着人皮的狼，竟把自己蒙骗了这么多年，真是画龙画虎难画骨、知人知面不知心哪！李员外恨自己缺乏辨别能力，引狼入室，错把仇人当亲人，就想立即把吴德告到县衙，为儿子报仇雪恨。

王娟说："还有一个人想告他。"

"谁？"李员外问。

王娟说："栗哥！要告吴德暗示下人打死自己和妻子的事，为妻子报仇。我也要告他，要不是他买通我丈夫张财陪酒，我丈夫也不会觉得没脸见人而跳河轻生，我要为丈夫报仇。"

李员外惊讶地问："栗哥和栗嫂那天不是被吴德暗示下人都给打死了吗？"

王娟说："那天只是打死了栗嫂，由于栗嫂及时扑上去保护栗哥，栗哥才捡了一条命，只是一棒打懵而昏了过去，其实并没有死。"

李员外听王娟说栗哥没有死，心里得到一丝安慰。他想了想，果断地说："勠力同心，其利断金！你赶紧告诉栗哥，咱们三人都

带上各自掌握在手的物证，明天早晨一起去县衙告这个丧尽天良的人渣！”

第二天，李员外嘱咐家人：“吴德回来以后，叫他好好看家，别再往哪里去，我要出趟远门。”

吩咐完毕，李员外骑一匹老马，因为好马被吴德骑走了；栗哥和王娟仍旧共骑一马，三人跋山涉水来到关内县衙，擂鼓喊冤。

县太爷立即升堂，叫他们一一陈述。听到三人异口同声，告的是同一个人，并且分别带有物证，可以说是铁证如山。就派四名衙役立即去李员外家抓捕吴德，叫三位原告暂且回避。

吴德恰好刚从外地回来，就被抓来押上大堂，跪在地下。

县太爷问：“下面跪的是何人？”

“小人是关外青龙河北庄李员外的干儿子。”

“姓甚名谁？”

“姓吴，名德。”

“原来你叫吴德呀，怪不得净干无德的事情，你可知罪？”

吴德觉得上月的事情已经杀人灭口，而且做得天衣无缝，便理直气壮地说：“小人无罪！”

县太爷问：“李梦是怎么死的？”

吴德不假思索地回答：“是栗嫂配错药治死的。”

“栗哥和栗嫂又是怎么死的？”

“是我干爹气愤之极，暗示家人打死的。”

“三条人命都与你无关？”县太爷进一步追问。

“都与小人无关。”吴德仍旧嘴硬。

尽管吴德百般抵赖，拒不招认，县太爷也不动刑，他知道即使不动刑，吴德在人证、物证俱全的情况下，也会乖乖地招出来，如果动刑，反倒落下个屈打成招的口实。县太爷叫李员外、栗哥、王娟一起上堂。

吴德见后，大吃一惊，这三个人怎么来了？栗哥不是被打死了吗？他莫名其妙，脑袋迅速一转，准是没打死，联名上告来了。那又何妨，他们三人没有证据，县太爷也定不了我的罪。想到这里，他故作镇静，装出若无其事的样子。

县太爷叫三人分别出示证据。

于是，李员外先拿出王娟打扫房间发现的 12 盒栗子补肾丸，说：“我儿子李梦根本没有吃到栗嫂配的这些药丸，怎么能说是栗嫂配错药治死了我儿子？”接着又拿出儿子还没吃完的金枪不倒丸，说：“我儿子本来因房事过度而得了肾病，为什么还给他吃这个？这不是火上浇油叫他快死吗？”

王娟拿出转壶和剩酒，说：“这是吴德带去交给我丈夫张财的，用十两银子买通我丈夫，叫他用这把转壶里的药酒迷倒栗哥，使栗哥三天三夜不能动弹，造成身怀六甲的栗嫂没人保护，无法及时赶到李员外家抢救李梦，致使李梦不治身亡。”

栗哥脱掉上衣，露出背部伤痕，说：“李梦即将出灵那天，吴德见我要向李员外揭露事情真相，为了杀人灭口，他就暗示家人将我夫妻俩活活打死，如果不是妻子舍命保护，我也同妻子一样被当场打死了。对于我来说，吴德是杀人未遂；对于我妻子来说，吴德是杀人即遂，杀人偿命，古今一样！”

李员外接过话茬从旁作证：“栗哥所说全是实情，我亲眼看见吴德给下人丢眼色，暗示下人杀人灭口。”

吴德万万没有想到，人证物证竟如此齐全，在桩桩铁证面前，即使自己抵赖不招，恐怕县太爷也能凭这些人证和物证来给自己定罪，还不如明智一点儿，实话实说，或许能减轻一些罪过。于是，便一五一十地招了出来，事情是这样的：

李员外60多岁，虽然家大业大，人丁却不兴旺，膝下只有一个儿子李梦，不仅身体虚弱，头脑还有些愚钝，过着衣来伸手、饭来张口的寄生虫日子，什么事情也拿不起来。于是，李员外就跟妹妹商量，把精明能干的外甥吴德找来，叫他替自己料理家务。吴德把家里的大小事情管理得井井有条，李员外非常满意，对他信任有加，便把他认作干儿子，亲上加亲。俗话说得好，“小恩养贵人，大恩养仇人”，这样一来，反倒使吴德滋长了野心，不禁对干爹的偌大家业垂涎三尺。他想，干爹年老体衰，身体一天不如一天，万一哪天撒手人寰，法定继承人肯定是亲生儿子李梦，我这个干儿子连一点边儿都沾不着。但是，李梦要是没有了，继承权不就轮到我这个干儿子了嘛！怎样才能除掉李梦呢？他绞尽脑汁，冥思苦想，终于想起了古书上的那首诗：

二八佳人体似酥，
腰仗利剑斩愚夫。
虽然不见头颅断，
暗中教君骨髓枯。

这首诗本来是警醒人们远离美色的，然而吴德却从另一角度受到很大启示，何不用美人的“腰间利剑”杀死李梦呢？那样的话，既可除掉心头大患，又不留下一丝一毫痕迹。于是，他便打起了李梦妻子的主意。

李梦的妻子叫赵翠，水性杨花，爱财如命。吴德便投其所好，每次李员外派他外出采购，总要省出一些银两给赵翠买些金银首饰。赵翠吩咐吴德的大事小情，吴德总是尽心竭力办好，以讨赵翠欢心。赵翠如果出远门办事情，李梦因为身体原因不能相陪，吴德便主动张罗跟随。加之李梦比吴德大了两岁，吴德跟赵翠叫嫂子，青龙河一带有个风俗，小叔子可以跟嫂子随便说笑逗闹，不算越格。况且吴德一表人才，比李梦身体强壮，所有这些都给吴德加了不少分。一来二去，吴德和赵翠便越过雷池，勾搭成奸，由叔嫂关系发展成了情人关系，赵翠对吴德的感情远远超过了对李梦的感情。

一天，二人刚“办完事情”，吴德搂着赵翠问：“你愿意和我做露水夫妻呀还是做长久夫妻？”

赵翠说：“那还用问？当然愿意做长久夫妻了！”

吴德说：“那好，要做长久夫妻，我有一个办法。”

赵翠问：“什么办法？快说，别卖关子！”

吴德说：“没有耕坏的地，只有累死的牛，今后你使出浑身解数，累死那头赖巴牛，等他爹呜呼哀哉以后，偌大家业肯定是咱俩的，不就做长久夫妻了吗？”

赵翠一想也是，李梦不论模样还是身体，都远远赶不上吴德，跟李梦过一辈子算是倒八辈子霉了；如果跟吴德白头偕老，那可是我一生的造化，二人一拍即合。

可别小看赵翠，她不仅年轻貌美，而且有文化，悟性高，曾经博览群书，连《赵飞燕外传》都看过，她非常佩服书里的赵合德。赵合德跟姐姐赵飞燕一样漂亮，但比姐姐丰满一些，进宫第一次侍寝，就把汉成帝迷得神魂颠倒，说：“我宁愿死在你的温柔乡里，也不效仿武帝去寻白云乡。”赵合德之所以有这么大的吸引力，是因为她长期把息肌丸塞进肚脐里，既能使自己面色水润下体盈实，又能通过药丸散发奇香刺激皇帝的性欲。汉成帝被掏空身子以后，只能靠服春药来维持，赵合德为了满足自己的性欲，竟给成帝一次吃了七粒春药，由于药量超限，造成精尽射血而亡。

赵翠想，我的祖先赵合德能迷死皇帝，我就不能迷死你李梦？从那以后，她就使出看家本领，令李梦迷恋在自己的温柔乡里。李梦本来就是个好色之徒，哪能搁得住年轻貌美赵翠的诱惑，没黑没白地折腾，果然被美人“腰间利剑”所伤，没过两个多月，就得了严重的肾病，眼看就要小命不保了。

吴德见美梦就要成真，心里暗暗高兴。没想到却遇到了妙手回春的栗嫂，即将到手的万贯家财，岂能毁在她的手里？吴德心有不甘，就告诉赵翠别给李梦吃栗嫂配制的栗子补肾丸，给他吃自己从别处偷偷买来的金枪不倒丸，火上浇油，耗尽精血，加快李梦的死亡。

李员外见儿子病入膏肓，危在旦夕，就叫干儿子吴德骑上快马赶紧请栗嫂前来抢救。吴德根据以往规律，料定栗哥和栗嫂中午肯定要在张财饭店打尖，因为除了这家别无他店。为了使栗嫂失去抢救李梦的机会，事先用银两买通店主张财，叫他用自己带去的转壶陪酒，转壶里已经事先装好了药酒和白水，叫张财给栗哥倒药酒，自己喝白水。栗哥喝了药酒以后，三天三夜不能动弹，这样就不能保护栗嫂及时赶来抢救李梦，造成李梦不治身亡。然后再嫁祸于人，跟干爹说是栗嫂配错药治死了李梦。干爹肯定报官，这样就由官府给栗嫂定罪，达到借刀杀人的目的。可是万万没有想到，在李梦即将出灵之际，栗哥和栗嫂竟赶到李家，要向干爹揭露事情真相。吴德一看要露馅儿，急忙暗示家人打死栗哥和栗嫂，杀人灭口，然后抛尸青龙河，彻底灭迹。没想到天理昭彰，栗哥竟死而复生。

县太爷听了吴德的招供，掌握全部案情细节以后，知道此案还涉及李梦的妻子赵翠和那个打死栗嫂的凶手，就叫那四个衙役再去李员外家，立即把赵翠和凶手一起抓来。

赵翠和凶手被押进县衙，跪在地上，县太爷叫他俩一一招供。赵翠歪头一看，见公爹、吴德全在大堂，公爹满脸自信，吴德垂头丧气。赵翠何等聪明，心里料定吴德的美梦破灭了；又见衙役手持木棍，站立两厢，如果说半句谎话，肯定大刑伺候，还是明智点儿好，只得从实招来。

凶手名叫吴有义，是吴德的侄子，他四肢发达，头脑简单，是个莽汉，经常被别人当枪使，此时也把叔叔事先如何叫他看眼色行事，只要叔叔眼色一丢，就立即挥棒上前把栗哥和栗嫂活活打死，事后给他 50 两银子作为酬劳的事情，一五一十说了出来。

县太爷见吴德、赵翠、吴有义三人所供完全吻合，就叫他们一一画押。由于此案直接或间接涉及三条人命，且手段残忍，案情重大，不严惩不足以平民愤，于是把三人统统判为死刑，立即执行。

三位原告对县太爷叩头拜谢，然后出了县衙。李员外觉得儿子李梦沉冤昭雪，多亏栗哥和王娟，遂拿出 20 两银子表示感谢。二人坚辞不受，李员外无奈，单人独骑回家了。栗哥和王娟看着远去的瘦翁老马，预感李员外晚景肯定凄凉，眼眶不禁有些发湿。

王娟随栗哥骑马回到店里，卖了房屋和土地，带上银两跟栗哥回到冷口温泉北山。二人先到栗嫂坟前烧纸祭奠，栗哥流着眼泪告慰栗嫂：“爱妻呀，在贤妹王娟的帮助下，咱们的冤仇已报，仇人已斩，你在天堂放心安息吧！”说完，忍不住大哭一场，王娟也陪了不少眼泪。

栗哥与王娟祭罢回家，因为栗嫂和张财都还没过周年，二人暂时分室而居。过了周年以后，二人摆了喜宴，拜了天地，正式结为夫妻。栗哥把自己从栗嫂那里学来的医术，又毫无保留地教给王娟；王娟天资聪颖，一学就会。夫妻俩继续用西部栗树王结的栗子配制系列药丸，给方圆百里的父老乡亲治病祛灾。

栗哥为栗嫂报仇雪恨的消息，迅速传遍长城内外，栗哥知名度越来越高，前来求医买药的人一拨接一拨。栗树王所结的栗子已经满足不了制药需求，栗嫂坟旁那棵新栽栗树还没有结果，这可怎么办呢？栗哥和王娟经过深思熟虑，为了满足乡亲们的需要，便从栗树沟买来百余棵栗树王脚下落栗长出的树苗，栽在了板栗帅所在的山洼里，其中有 40 多棵紧挨板栗帅，另外 60 多棵栽在了周围的山坡上。多年以后，它们长成了遮天蔽日的栗树林。

又过了若干年，人们知道栗子能给人类带来很多福报，就用板栗王、板栗相、板栗帅、板栗将所结的栗子，培育了大量栗树苗，栽遍了青龙河流域及更远的地方。故而今天青龙境内从东到西、从南到北栗树特别多，居全国各县之首，成为今天的“板栗将”。

板栗逸事

刘玉宗 编辑

素有“干果之王”美誉的板栗，原产我国，从数量和质量上讲，在全国乃至全世界范围内，只有燕山板栗才誉满天下。

板栗在我国的栽培历史相当久远，据古代文献记载和出土文物考证，我们祖先至少在3000多年以前，就已经广泛栽植栗树和普遍食用栗果。在漫漫历史长河当中，好多古代名人把板栗视为食中珍馐，他们或口述、或撰文、或吟诗、或填词，用各种方式赞美板栗，构成了无数鲜活而生动的奇闻逸事。

这些奇闻逸事既有知识性，又有趣味性。为了古为今用，笔者史海拾贝，按照时间先后顺序，择优把它们编辑到一起，读者不仅可以从古人的嘴里了解板栗，特别是青龙板栗的历史、功劳、质量、药效，而且还能从历史名人的宦海浮沉当中汲取经验、接受教训、启迪人生。因此，这部分内容也可作为从政史鉴来读，可谓一举两得。

这些奇闻逸事的原始素材，来自史书或百度，笔者经过认真筛选和剪裁，将无数片“绸缎料”缝制成24件“百衲衣”，选择的“绸缎”有大有小，缝制的“针脚”有密有稀，特别是每篇逸事都引用了一些古代诗文，由于笔者功底有限，将其翻译成白话文很难做到字字精准，所发议论很难保证句句正确，敬请读者不吝赐教！

孔子诗经吟板栗

孔子　名丘，字仲尼，中国古代著名的思想家、教育家，儒家学派的创始人。　（源于百度）

孔子（前551— 前479），名丘，字仲尼，鲁国陬邑（今山东省济宁市曲阜）人，曾任鲁国大司寇，中国古代著名思想家、教育家，是儒家学派的创始人。在世时就被尊为“天纵之圣”，去世后被尊为“孔圣人”“至圣先师”“万世师表”。其思想对中国和世界都有深远影响，其人被列为“世界十大文化名人”之首。孔子的一生非常坎坷：

削弱三桓

春秋时期，鲁国大乱，大权被季孙氏、孟孙氏、叔孙氏三家控制，鲁定公成为一个傀儡。因为这三家都是鲁桓公三个儿子的后代，故称“三桓”。

鲁定公听说孔子开坛讲学，主张“君君臣臣”以及“仁政”，就召见孔子，与他分析鲁国的内忧外患。孔子建议他外联齐国，内振君威，制定了一系列措施。

鲁定公十年（前500年），孔子辅佐鲁定公参加齐国与鲁国夹谷之会，从齐国手中讨回了汶阳之地，鲁定公对孔子更加信任，让他当了大司寇（相当于今天国家安全部部长）。孔子终于获得机会，开始推行他的政治主张，讲求孝道，稳定家庭，安定社会，使鲁国经济复苏，国富民强。

鲁定公十一年（前499年），孔子诛杀了鲁国乱政大夫少正卯（“少正”是官名，“卯”是名字），曝尸三日，杀一儆百，从此鲁国大治。

鲁定公十二年（前498年），孔子为“削三桓”，采取了“隳三都”的措施，就是收编“三桓”掌控的军队，拆毁“三桓”所建的城堡。孟孙氏不肯拆毁城堡，鲁定公派兵攻打，未能成功，“隳三都”宣告失败，孔子与“三桓”的矛盾随之暴露出来。

鲁定公十三年（前497年）春天，齐国送80名美女给鲁国，君臣迷恋歌舞，多日不理朝政。孔子与季孙氏出现不和，季孙氏怂恿鲁定公不要再用他了。孔子不得不离开鲁国，到其他国家去寻找出路，开始了周游列国的旅程。

周游列国

鲁定公十四年（前496年），孔子带领弟子离开鲁国，先去卫国。卫灵公听说孔子来了，热情地接见了他，并按照他在鲁国的待遇标准给他俸禄。可是没过多久，有人向卫灵公说孔子的坏话，卫灵公耳朵软，就派人监视他。孔子心中不悦，便离开了卫国国都。

孔子打算去陈国，途经卫国的匡邑（今河南省长垣县），因孔子长得很像鲁国叛臣阳虎，而阳虎曾经残害过匡邑人，匡邑人就把孔子一行拘留起来。弟子们十分恐惧，孔子却非常淡定，派一位弟子到卫国国都，给一位有权势的大夫做家臣，这位大夫不久就派人解救了孔子一行。

一个多月以后，孔子一行返回了卫国的国都，寄居在大夫蘧伯玉家。有一天，卫灵公和夫人南子同乘一辆车出宫游览，让孔子乘第二辆车，车队浩浩荡荡，招摇过市。孔子见卫灵公只图安逸享乐，不顾治国理政，于是离开了卫国。

孔子前往宋国，宋国的司马桓魋，贪婪残暴，掌管全国军队，把持宋国朝政，他害怕孔子得到宋景公的重用，威胁自己的地位，便想杀死孔子。有一天，孔子和弟子们在路边大树下演习礼仪，桓魋马上派兵过来，因为孔子名声太大，桓魋又犹豫起来，怕杀了孔子受到天下人的谴责，就命士兵拔掉那棵大树，把孔子一行赶出了宋国。

孔子一行从宋国来到郑国，又从郑国到了陈国，寄居在担任司城的公孙贞子家。正赶上晋国与楚国争霸，两国轮番攻打陈国，逼迫陈国成为自己的附属国。孔子在陈国居住了三年，见陈国自顾不暇，没有重用自己的意思，就和弟子们离开了陈国。

孔子和弟子们再次来到卫国都城，卫灵公见孔子回来了非常高兴，亲自到郊外迎接。可是卫灵公此时年事已高，懒于理政，还是没有任用孔子。

孔子和弟子们西行去见晋国执掌大权的赵简子，到了黄河边，听说赵简子没掌权时，企盼窦鸣犊、舜华两个贤能大夫前来从政，可是掌权以后就把他们给杀了。孔子怕去了以后凶多吉少，便又返回卫国，前往陈国、蔡国、叶国。

鲁哀公十一年（前 484 年），齐国派兵讨伐鲁国，孔子弟子冉求率领鲁国大军与齐国交战，获得胜利。鲁国正卿季康子问冉求指挥才能从何而来，冉求回答跟恩师孔子学的。于是，季康子派人把 68 岁的孔子迎回鲁国。至此，周游列国结束。此时孔子虽有从政之心，但仍被敬而不用。

孔子满怀雄心壮志，周游列国 13 年，始终没有得到各国国君的重用，但是也有收获。前面已经提到，孔子返回卫国国都曾经寄居在大夫蘧伯玉家，蘧伯玉是一位很有学问且品德高尚的长者，孔子对他崇敬有加，称赞他是真君子。蘧伯玉和孔子成为挚友，在孔子周游列国的 13 年中，有 10 年在卫国，其中两次住在蘧伯玉家，前后长达 9 年之多。二人无事不谈，无话不说，充分交流思想，蘧伯玉的政治主张、言行操守，对孔子儒家学说的形成产生了重大影响。

编订诗经

孔子周游列国13年，始终没有得到各国国君的任用。看到这里，大家脑海里肯定会钻出一个大问号，孔子满腹经纶、雄韬伟略，弟子三千、贤人七十，如此高级智囊团，为什么各国国君却不任用他呢？笔者认为，主要原因是孔子在鲁国时没有踢好头三脚。尽管前两脚踢得不错，第一脚参加齐鲁夹谷之会，未动一兵一卒，便向齐国讨回了汶阳之地；第二脚诛杀乱政大夫少正卯，震慑了全国，实现了大治；但最为关键的第三脚却未成功，“削三桓”“隳三都”战略上没有错，可惜战术上错误，没有一招致命，不仅没打住老虎，反被老虎所伤，使鲁定公更加被动，使自己惨遭罢黜。孔子开坛讲学的名声闯出去了，但治国理政的名声还没有闯出去，各国国君生怕重蹈鲁国覆辙，因此谁也没有任用他。可见从政者踢好头三脚多么关键！俗话说“头三脚难踢”，作为优秀的从政者难踢也得踢，而且必须踢好，以后才能势如破竹、无往不胜，否则，要想重新打开局面，恐怕比登天还难！

孔子编订的《诗经》。(源于百度)

孔子见从政没有机会，于是做起学问，开始编订《诗经》。《诗经》是我国最早的一部诗歌总集，收集了西周初年至春秋中叶（公元前11世纪至公元前6世纪）的305首诗歌，当时学界取其整数叫《诗三百》。西汉时期被儒家奉为经典，从此才称《诗经》。当时的毛亨、毛苌曾注释《诗经》，因此也叫《毛诗》。

《诗经》里每首诗的作者均已佚名，是由尹吉甫采集、孔子编订的。孔子把《诗经》的宗旨概括为“无邪”，教育弟子们熟读并背诵，作为今后立言立行的标准。在先秦诸子当中，引用《诗经》的人很多，如孟子、荀子、墨子、庄子等人在说理论述时，经常引用《诗经》中的句子增强说服力。

孔子编订的《诗经》，内容非常丰富，反映了劳动与爱情、战争与徭役、压迫与反抗、风俗与婚姻、祭祖与宴会，甚至天象、地貌、动物、植物等方方面面，它是反映周代至春秋社会生活的一面镜子。

吟颂板栗

在《诗经》里有几首诗曾经写到板栗，如《鄘风》（即卫国的诗）里有一首，写卫国王公在宫苑里边栽植栗树的情形：

定之方中，
作于楚宫。
揆之以日，
作于楚室。
树之榛栗，
椅桐梓漆，
爰伐琴瑟。

翻译成白话文就是：

定星出现天正中，
楚丘动土筑新宫。
日影用来测方向，
楚丘造房忙不停。
种植榛树和栗树，
还有梓漆和椅桐，
伐倒以后制琴用。

再如《郑风》（即郑国的诗）里也有一首，写郑国百姓在庭院外面栽有栗树的情形：

东门之栗，
有践家室。
岂不尔思？
子不我即。

翻译成白话文就是：

青龙古代栗树 《诗经》中有“树之榛栗”和“东门之栗”等咏栗诗句。
（刘玉宗摄）

东门之外长有一棵栗树，
栗树旁边住着一户人家，
屋里女子不是我不想你，
而是你呀对我不睬不理。

第一首诗写卫国王公在宫苑里边栽植栗树；第二首诗写郑国百姓在庭院外边栽有栗树。从这两首诗中可以看出，那时从王公到百姓，早已养成了在院里院外广栽栗树的良好习惯。而卫国和郑国距今已有2800百多年，加之形成栽植习惯之前又得若干年，所以，孔子编订的《诗经》，是反映我国板栗栽植历史悠久的无可辩驳的铁证。

苏秦合纵谈板栗

据《战国策》和《史记》记载，苏秦（前337—前284），东周雒阳（今河南省洛阳市）人，字季子，曾任六国丞相，战国时期著名的纵横家、外交家和谋略家。

苏秦出身农家，曾到齐国云梦山拜鬼谷子为师，学成以后，外出游历多年，却一事无成，穷困潦倒，狼狈而回。兄嫂、弟妹、妻妾都讥笑他：“我们周国人向来以治理产业为第一要务，从事工商，追求利润。如今你舍本逐末，撂下正经事不干去耍嘴皮子，弄得自己狼狈不堪，这不是自作自受吗？”

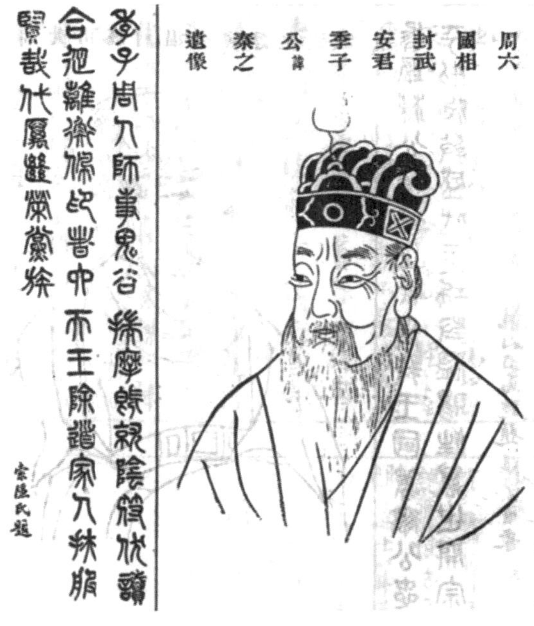

苏秦 战国纵横家，曾对燕文侯说“北有枣栗之利，民虽不佃作，而足于枣栗矣”。

（源于百度）

苏秦听了这些话，惭愧万分，就闭门不出，遍读藏书，过了一段时间感叹道：“从师受教，埋头读书，却换不来荣华富贵，读这些闲书又有什么用呢？”于是，他另辟蹊径，找到《周书阴符》钻研起来。一年以后，终于揣摩出“合纵”“连横”之术，认为凭着这一招，就可以说服当世君主了。

“合纵”与“连横”是两种截然不同的战略。

“合纵”是献给弱国的战略，即“合众弱以敌一强”，南北纵向排列的诸多弱国联合起来，共同对付少数有侵略野心的强国，以保护各个弱国的安全。

“连横”是献给强国的战略，即“事一强而攻众弱”，采取近攻远交策略，强国与横向排列的另一强国联合起来，逐一击破由众多弱国组成的合纵联盟。

苏秦首先把目标锁定在自己的家乡洛阳，求见周显王。可是周显王身边的大臣一向了解苏秦的为人，都瞧不起他。在群臣的蛊惑下，周显王没有采纳他的建议。

当时在天下 20 多个诸侯国当中，西部秦国实力最强，东部齐、楚、燕、韩、赵、魏六国次之，这七个国家号称“战国七雄”。苏秦离开洛阳，决定绕开小国，去游说战国七雄。他向西来到最为强盛的秦国献连横战略，游说秦惠王兼并列国，称帝而治。秦惠王心里虽然也有这个宏图大略，但认为目前时机尚不成熟，况且秦国刚刚处死商鞅，上上下下都讨厌说客，就没有采纳他的建议。

苏秦离开秦国，向东来到赵国。当时赵肃侯以自己的弟弟赵成为相，主管军国大事，赵成向来不喜欢耍嘴皮子的苏秦，因此，也没与他深谈。

苏秦虽然连续三次碰壁，但并不灰心，又去燕国献合纵策略。等了一年多才有机会拜见燕文侯，苏秦对燕文侯说：“燕国东边有朝鲜、辽东，北边有林胡、楼烦，西边有云中、九原，南边有滹沱、易水，区域方圆两千多里，军队几十万人，战车六百辆，战马六千匹，储存的粮食足够用好几年。南有碣石和雁门的肥沃土地，北有红枣和板栗的资源优势，百姓即使不耕作，光靠红枣和板栗就能过上温饱生活，这可是难得的天然宝库啊！”（《史记》原文：“南有碣石、雁门之饶，北有枣栗之利，民虽不佃作，而足于枣栗矣，此所谓天府者也。”今青龙满族自治县恰属燕国北部，从古至今一直具有板栗优势，所以苏秦说的“北有枣栗之利”，无疑包括今天的青龙在内）

苏秦见燕文侯听得入神，接着又说：“能够安居乐业，没有战争，看不到军队覆灭和将领被杀的惨景，没有谁能比得上燕国。大王知道燕国不被敌人侵略的原因吗？那是因为赵国在燕国的西面给你当屏障，秦国和赵国先后发动过五次战争，秦国胜了两次，赵国胜了三次，两国互相厮杀，彼此削弱。而大王可以凭借整个燕国的实力，在后边牵制他们，这就是燕国不受他国侵略的主要原因。况且秦国要攻打燕国，就要穿越云中和九原，穿过代郡和上谷，相距几千里，即使攻克了燕国的城池，秦国也考虑到无法守住它，这就是秦国不能侵犯燕国的原因。假如赵国要攻打燕国，情况就与秦国截然不同了，赵国只要发出号令，不到十天，几十万大军就可挺进东桓驻扎，再渡过滹沱河，涉过易水，用不了四五天就可抵达燕国的都城。所以说秦国攻打燕国，是在千里以外打仗；赵国攻打燕国，是在百里以内作战。不忧虑百里以内的祸患，而重视千里以外的敌人，没有比这更愚蠢的了。因此，希望大王与赵国合纵相亲，把各国联成一体，那么燕国就没有任何忧虑了。”

燕文侯觉得苏秦献的合纵战略很有道理，就对他说：“您说的不错，可是我的国家弱小，西边紧靠赵国，南边接近齐国，齐、赵可都是强国啊！您如果能用合纵战略说服其他几个国家组成联盟，使燕国安然无事，我愿意举国相从。”于是，燕文侯任苏秦为丞相，并赞助他车马钱帛去赵国游说。

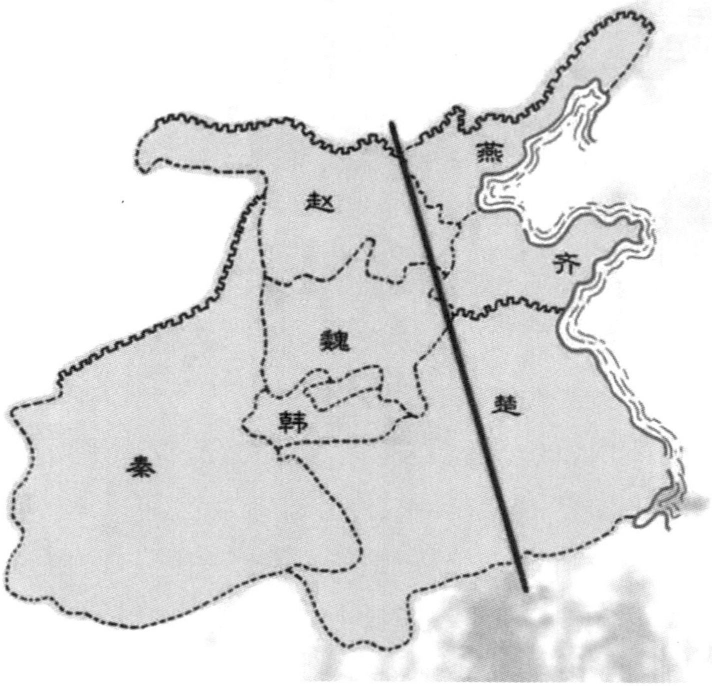

合纵战略图 苏秦说服纵向排列的六国组成联盟，共同对抗强秦。（源于百度）

苏秦凭着三寸不烂之舌，继成功说服燕国之后，又先后游说赵国、韩国、魏国、齐国、楚国，提出合纵六国以抗强秦的战略，得到了这些国君的赞同，最终组建了合纵联盟，苏秦做合纵联盟的盟长，担任这六个国家的丞相，佩带六国相印。

此时，苏秦担心秦国趁六国联盟尚未巩固之际前来攻打，那样的话合纵战略就将功亏一篑。于是他想到了雄韬伟略、能言善辩的同门师弟张仪，只有他去秦国稳住秦惠王，才能保障合纵战略安然无恙，于是就令手下人透信给张仪前来投奔。张仪觉得苏秦颇重同窗之谊，满心欢喜地来见苏秦。见面后却大失所望，只见苏秦居高临下盛气凌人，不仅不热情接待，反而将他当众羞辱一番，说他混成这个样子有辱师门。张仪满腔怒火不好发泄，便拂袖而去。苏秦为张仪安排好了陪同人员，嘱咐他利用偶然机会与张仪接上头，凡张仪所需交通费用和公关开支，全由自己负责。张仪思前想后，觉得自己在弱国没有用武之地，只有到强国才能大展宏图，于是，决定到最强大的秦国去，做出一件惊天动地的大事情给苏秦看。张仪向西来到秦国，对秦惠王大谈当前局势，以及秦国如何应对，雄辩滔滔，振奋人心。秦惠王觉得人才难得，遂任命张仪为客卿。张仪知恩图报，重谢陪同人员，陪同人员将前后经过如实一说，张仪感叹道："苏秦比我高明啊！从鬼谷子恩师那里学来的计谋之一激将法用在了我的身上，我竟浑然不知。"

苏秦佩六国相印自楚国北上时，各国送行的使者很多，气派程度不亚于帝王。途经洛阳时，周显王感到害怕，便发动百姓为他清扫道路，并派人到郊外犒劳苏秦一行。苏秦的家人也匍匐在地，不敢仰视。苏秦感慨万千，说："同样一个人，富贵了，亲戚朋友敬畏；贫贱时，连家人都瞧不起，更不用说别人了。人都是处于绝处而后生，假如我当初在家乡洛阳有两顷良田的话，就会安于现状，又怎会佩带六国相印呢？"于是散发千金，赏赐亲朋好友。

苏秦的合纵战略成功以后，秦国果然不敢东出函谷关攻打已经结盟的齐、楚、燕、韩、赵、魏六个国家，合纵联盟连续保持了15年的和平稳定时期。后来，合纵联盟内部有所松动，张仪趁机向秦国献连横战略，合纵联盟才被打破，六国才被秦国统一。

综上不难看出，苏秦合纵战略的成功，是因为燕文侯第一个站出来力挺；燕文侯之所以第一个站出来力挺，是因为他要保护物阜民丰的燕国不受他国侵略；燕国之所以能够成为物阜民丰的国家，是因为南方肥沃富饶、北方有红枣和板栗资源优势。可见，板栗资源优势是苏秦能够成功说服燕文侯诸多因素当中最为关键的一个。谁也不会想到，在战国七雄争霸的天平上，燕山板栗（包括青龙板栗）竟成为一颗沉重的砝码，为苏秦合纵战略的成功立下了汗马功劳！

青龙古代栗树林 证明苏秦对燕文侯所说“北有枣栗之利”确实不谬。（刘玉宗摄）

史记列传写板栗

司马迁　字子长，西汉史学家、散文家。（源于百度）

司马迁（生卒年月不详），字子长，夏阳（今陕西省韩城）人，一说龙门（今山西省河津）人。曾任西汉太史令，著名史学家、散文家。他的人生经历非常坎坷：

读万卷书，行万里路

司马迁出身书香门第，从小就受到良好教育。父亲司马谈认为，读书是学习，行路也是学习；读书增加理性知识，行路增加感性知识，只有既读万卷书，又行万里路，知识才能全面。所以，父亲首先叫司马迁读万卷书。

在父亲的教导下，司马迁10岁就能读《尚书》《左传》《国语》等书，学有小成。汉武帝建元年间，司马谈到京师长安（今陕西省西安市）任太史令。司马迁20岁时，来到京城父亲身边，就学于孔安国和董仲舒。

孔安国是孔子十世孙，学识渊博，擅长经学。汉武帝时任博士，后为谏大夫（负责顾问应对，议论朝政，多由名儒担任），官至临淮太守，后世尊为“先儒”。他是司马迁的古文经学老师，司马迁研究《尧典》《禹贡》等古文，都求教于他。

董仲舒是西汉哲学家、儒学大家。汉武帝元光元年（前134年），下诏征求治国方略，董仲舒在著名的《举贤良对策》中把儒家思想与当时的社会需要相结合，并吸收了其他学派的理论，创建了一个以儒学为核心的新的思想体系，提出了“天人感应”学说和“罢黜百家，独尊儒术”的主张，被汉武帝采纳，使儒学成为中国社会正统思想，影响长达2000多年。他是司马迁今文经学老师。

在孔安国和董仲舒这两位大儒的教诲下，司马迁学识大涨，积淀日深。

接着，司马谈叫儿子司马迁行万里路，漫游全国各地，了解风俗，采集传闻。司马迁从长安出发奔东南，到汨罗江凭吊屈原，登庐山观看禹疏九江，去吴地参观春申君宫室。之后北上渡过长江，到曲阜体验孔子遗风，拜访秦汉名人故里，及楚汉相争的战场。一路上对各地的掌故传说、山川地理、资源特产、宗教风俗等，全都熟谙于心，最后回到京城父亲身边。

子承父业，著述史书

司马迁回京以后，由于父亲的关系，被汉武帝封为郎中。元鼎六年（前111年），汉武帝命司马迁出使西南，筹划新郡建设，圆满完成任务以后，于第二年回朝复命。

元封元年（前110年）春天，汉武帝东巡渤海，返回的路上在泰山举行封禅大典。司马谈作为参与制定封禅礼仪的官员，却患病滞留半路，未能继续随行，因深感遗憾而病情转重。奉使西征的司马迁完成任务以后，立即赶往泰山参加封禅大典，在路上得知父亲病重，快马加鞭赶来服侍。司马谈对儿子留下遗嘱：“我们祖先是周朝的太史，功名显赫。如今天子继承汉朝大业，到泰山封禅，我却不得随行，这是命中注定啊！我死以后，你一定会做太史令，如今海内统一，君贤臣忠，作为太史令我没能记载评论，中断了历史文献，深感不安，你可要替父写好这部史书啊！”司马迁流着眼泪说：“儿子虽不聪敏，一定要完成父亲的心愿！”

元封三年（前 108 年），汉武帝果然封司马迁为太史令，子承父业，著述史书。

辩护李陵，遭受宫刑

天汉二年（前 99 年），李广利统领三万骑兵从酒泉出发，攻击在天山一带活动的匈奴右贤王。汉武帝派李陵为大军运送辎重。但李陵认为所部皆荆楚勇士，愿以五千步兵直捣单于王庭。汉武帝为他的勇气所感动，欣然同意了。可是李陵率兵到达浚稽山时，却遭遇了匈奴单于的八万精锐铁骑。李陵将弩手编为三组，第一组射击，第二组待发，第三组张弦，第一组射击完毕退为第三组，第二组接着射击，循环往复。在汉军弩机狂风暴雨般的射击下，匈奴骑兵一排排倒下，首次冲锋单于就折损上千人。每天从汉军营地射出的箭矢达十万余支，酣斗十多天后，匈奴损兵万余，终不能取胜，准备撤走。恰逢李陵军中的军候管敢被校尉凌辱，投降了匈奴，说李陵军队没有后援，箭要用完。单于非常高兴，发动了最后攻击，汉军失去了弩机这道屏障，军营很快被匈奴骑兵攻破，不得已李陵投降了匈奴。

闻报后，汉武帝震怒，群臣都声讨李陵，唯有司马迁替李陵辩护："李陵对待亲人孝敬，与士人讲究信用，一向怀有报国之志。他只领了五千步兵，吸引了匈奴全部力量，杀敌一万多人，虽然战败降敌，其功可以抵过，我看李陵并非真心投降，他是为了活下来寻找机会回报陛下。"

然而，随着公孙敖迎李陵未果，便谎报李陵为匈奴练兵、以期反击汉朝之后，汉武帝勃然大怒，诛灭了李陵全家，司马迁也被定为诬罔罪名，按律当斩。司马迁想，人固有一死，或轻于鸿毛，或重于泰山，我这样死去，史书未成，不比鸿毛还轻吗？况且，孔子困厄之时著《春秋》，屈原放逐以后赋《离骚》，左丘明双眼失明才写《国语》，吕不韦被贬才有《吕氏春秋》，这些名著大都是圣贤为发泄愤懑而作。经过激烈的思想斗争，司马迁毅然决然选择了以宫刑赎死，忍着奇耻大辱也要完成父亲遗命。

司马迁以"究天人之际，通古今之变，成一家之言"的著史常识，秉笔直书，创作了中国第一部纪传体通史《太史公书》，后来简称为《史记》，记载了从上古传说中的黄帝时期，到汉武帝元狩元年，长达三千多年的历史。

外孙献书，《史记》面世

司马迁有个女儿嫁给了杨敞，杨敞在汉昭帝刘弗陵时期官至宰相。杨敞和司马迁的女儿生了两个儿子，大儿子杨忠，小儿子杨恽。杨恽自幼聪颖好学，他母亲把自己珍藏多年的父亲遗作《史记》，拿出来给幼小的杨恽阅读。杨恽初读此书，便被书中内容所吸引，爱不释手，非常用心地把它一气读完。杨恽成年以后，又读了好几遍，每读一遍总是热泪盈眶，扼腕叹息。

今版《史记》。（源于百度）

汉宣帝时，杨恽被封为平通侯。这时他看到朝政清明，想到此时正是外祖父司马迁这部鸿篇巨制得见天日的时候，于是上书汉宣帝，把《史记》献了出来。汉宣帝喜出望外，非常重视。从此天下人才得以共读这部经典史书，它是“二十四史”之首，是中国史书的典范，被鲁迅誉为“史家之绝唱，无韵之离骚”。

《史记》中载有《货殖列传》，“货殖”是指货币繁殖，即通过货物的生产与交换等方式来生财求利。《货殖列传》是专门记述从事货殖活动杰出人物的传记。在《货殖列传》里司马迁写道：

“燕秦千树栗……此其人皆与千户侯等。”

翻译成白话文就是：

燕地、秦地一些人拥有上千株栗树……这些人的财富可与千户侯的财富相等。

司马迁这两句话写得虽然十分简短，但是意义非常重大，他为古、为今都提供了重要依据：

为古——印证了战国纵横家苏秦对燕文侯所说“北有枣栗之利，民虽不佃作，而足于枣栗矣”，这句话并非忽悠，而是实事求是地反映了燕国北方当时独有的资源优势。

为今——说明近年来青龙满族自治县重视板栗生产的发展，将其作为全县农民脱贫致富奔小康的重要举措来抓，是具有可靠历史依据的，是符合先民栽培习惯的，是适应当地自然条件的，一句话，这是一项续历史、合自然、得民心、顺民意的英明决策！

青龙古代栗树林 司马迁《史记·货殖列传》中写“燕秦千树栗”。（刘玉宗摄）

陆玑作注评板栗

陆玑，三国时期吴国的学者，字元恪，吴郡（今江苏省苏州市）人。官至太子中庶子（太子的侍从官，共设五人，负责侍从、奏事、谏议等项工作）、乌程令（即乌程县的县令，“乌程”是古代县名，在今浙江省湖州市）。

陆玑曾经著有《毛诗草木鸟兽虫鱼疏》二卷，专门对《诗经》（亦称《毛诗》）中所提及的动物植物进行注释，对古今异名者进行考证，是中国古代较早研究生物学的著作之一。

《毛诗草木鸟兽虫鱼疏》书中写“唯渔阳、范阳栗甜美长味，他方者悉不及也”。（源于百度）

全书共记载动植物176种，其中动物62种，植物114种，对每种动植物不仅记其名称及各地异名，而且描述分布情况、生长形态、使用价值及产品质量。对《诗经》中几次提到的栗树，陆机是这样注释的：

“五方皆有栗，周、秦、吴、扬特饶。吴、越被城，表里皆栗。

唯渔阳、范阳栗甜美长味，他方者悉不及也。倭、韩国诸岛上栗，大如鸡子，亦味短不美。”

翻译成白话文就是：

世界上好多地方都有栗树，周国、秦国、吴国等国特别多，吴越之地里外都是栗树。但是，只有渔阳、范阳所产的栗子味道甜美异常，其他地方的栗子都赶不上。日本、韩国等岛国上的栗子，大得跟鸡蛋一样，可是缺乏甘甜，味道不美。

陆机书中提到的“渔阳”，是古代地名，因其位于渔水（今白河）之阳而得名，指现在的北京密云和天津蓟州以北一带，今天的青龙满族自治县恰在蓟州以北，在古代属渔阳范围之内。可以说，陆机对渔阳板栗的评价，其实包含着古人对今天青龙板栗的评价。

古人对青龙板栗评价有了，那么今人对青龙板栗如何评价呢？奖牌无声胜有声。在 2012 至 2017 年中国农产品展销会果王争霸赛上，青龙板栗力压群雄，共获11枚奖牌，其中金奖3枚，银奖5枚，铜奖 3 枚，奖牌总数为全国各县之冠。

国内对青龙板栗评价有了，那么国外对青龙板栗如何评价呢？2008 年 9 月 2 日，日本关东板栗协议会会长、日本石井株式会社社长加藤国夫先生到青龙王子店村考察时说：“世界板栗数中国，中国板栗数燕山，燕山板栗数京东，京东板栗数青龙，青龙板栗世界第一！”

通过以上古人、今人、外国人对青龙板栗的中肯评价，从中可以得出这样一个结论：青龙板栗天下第一，古今评价一致，中外评价一致，是古今中外的共识，并不是青龙人敝帚自珍、自吹自擂！

药王金方有板栗

孙思邈（541—682），京兆华原县（今陕西省铜州市耀州区）人，唐代殿中省尚药局承务郎，著名道士、医药学家，后世尊为“药王”。

孙思邈是怎样从道士成为药王的呢？他经历了三个不同寻常的阶段：

孙思邈　唐代著名道士、医药学家，世称“药王”。（源于百度）

第一阶段：隐居秦岭，修道学医

孙思邈生于西魏大统七年（541年），天资聪明，七岁就能日诵千言。当时北朝重臣独孤信任洛州（今河南省洛阳市）总管，他戎马一生，阅人无数，眼力极强，见到童年的孙思邈大为惊奇，对随行人员说：“这个小儿是圣童，以后前程不可限量！”

孙思邈自述“幼遭风冷，屡造医门，汤药之资，罄尽家产”，意思是幼年挨冻生病，常请医生治疗，为了购买汤药，卖尽所有家产。因此，他 18 岁立志学医，20 岁就对《老子》《庄子》等道家学说侃侃而谈，谁若生了病都请他去看，亲友乡邻受益良多，虽然未出茅庐，早已名闻遐迩。

北周大象元年（579年），孙思邈39岁，为了躲避战乱，隐居在秦岭太白山中。当时大将军杨坚辅政，下诏征孙思邈为国子博士（最高学府的教授），孙思邈托病不出。他在太白山里研究道教经典，探索食疗养生之术，认为道在身内，不在身外，只要潜心静性，炼气养形，即便没有名师指点，也可达到修炼目的。于是他拒绝世俗往来，倾心道教修炼，苦读先贤典籍，借鉴前人经验，最终成了一名无师自通、恪守戒规的道士。

他在潜心修道的同时，还博览众家所著医书，研究古人医疗方剂，用来为广大百姓治病。治病离不开草药，他便深入太白山、终南山、峨眉山深处，与虎豹为邻，与鹿兔为伴，广泛采集各种草药，研究药性和功能，分门别类予以记录。

他还非常重视民间验方的收集，经常走乡串户，拜访名人名医，广泛收集验方和偏方，经过临床检验后，写进自己的《千金要方》（亦称《备急千金要方》，简称《千金方》）一书，书中治疗脚气的方法，比欧洲早了一千多年。

《千金要方》 孙思邈广搜天下奇方验方，著成此书。（源于百度）

关于书名的含义，孙思邈自注云："人命至重，有贵千金，一方济之，德逾于此，故以为名也。"翻译成白话文就是：人的生命至关重要，比千金还要珍贵，一个药方能够救人，德操比千金更贵，所以用“千金要方”命名此书。

到了隋末唐初，孙思邈已经成为远近闻名、精通百家的著名道医。

第二阶段：奉诏入朝，编审本草

唐贞观年间，太宗李世民广招天下才士辅政，便派人下诏给隐居在秦岭太白山中的孙思邈入朝。孙思邈虽然赴朝与太宗相见，却执意不肯留下，觐见之后又归隐山林，继续修道学医。

孙思邈的医术非常精湛，到底精湛到什么程度，当时流传着这样一个传说：太宗的长孙皇后怀胎十个多月，迟迟不能生产，太医束手无策，太宗心急如焚。徐茂公奏道：“神医孙思邈，誉满杏林，何不请他来为皇后诊治？”太宗立即派人到太白山去请，孙思邈快马加鞭来到宫中，问清病情，然后从怀中掏出一根红线，让宫女把红线一端系在皇后手腕上，自己坐在屏风外面拈住另一端，这种诊病方式叫作“走线脉”。诊完后孙思邈说：“皇后患的是小儿扳宫症，以致生产困难，只需扎上一针，保证母子平安。”宫女微微掀起纱帐，孙思邈拿出银针猛地一扎，皇后惊叫一声，浑身颤抖，宫女惊喜地大喊：“皇后生了，是位皇子！”太医见孙思邈手到病除，很是嫉妒，便对太宗说：“走线脉是故弄玄虚蒙骗皇上的，应该再试一次。”太宗允准。于是，令宫女将红线一端偷偷系在床腿上，孙思邈在外边拈住另一端，诊了一会儿说：“体内有虫。”太医哈哈大笑：“这可是木头啊！”孙思邈说：“劈开。”果然床腿里面有条胖胖的白虫正在蠕动，众人大惊，连呼神仙。

高宗李治继位，又召见孙思邈，任命他为谏议大夫（负责给朝廷提建议，正五品上），这可是个颇具吸引力的官阶。然而孙思邈过惯了闲云野鹤的生活，感谢话说了一大堆，还是不肯接受。高宗非常惋惜，又不好勉强。

显庆二年（657年），高宗诏令检校中书令（“检校”即代理，“中书令”即宰相）许敬宗主持多位名医撰写《唐新本草》一书。第二年，高宗下诏孙思邈进京参与编写和审定。叫专业人做专业事，孙思邈非常高兴，欣然遵旨。高宗对他礼遇有加，叫他住在鄱阳公主旧宅。孙思邈深感皇恩浩荡，不仅对陶弘景《本草》《名医别录》两部医书作了订正，还增补了100多种自己尝过并试用有效的草药。显庆四年（659年）四月，一部文图并茂、内容翔实的《唐新本草》撰写完成，这是世界首部国家药典，共55卷，载有844种药物，可谓鸿篇巨制。

因孙思邈编审有功，高宗再次授他官职，孙思邈仍旧婉拒，请求到殿中省（掌管皇帝生活诸事的机构）尚药局工作。于是，高宗授他承务郎，负责对御医诊病和用药进行指导。

孙思邈曾多次随高宗出游，结识了不少当朝名士，医药学家孟诜和书法家宋令文，皆拜孙思邈为师；太医谢季卿和药性学家韦慈藏，经常向孙思邈请教学问。

孙思邈还亲自为朝臣治病，大理寺卿赵某患风湿性膝关节炎，入朝无法下跪，经孙思邈针灸月余，病患全除。“初唐四杰”之一的卢照邻，身患绝症，卧病长安，不能赴任，经孙思邈治疗一段时间，彻底痊愈。卢照邻对孙思邈佩服得五体投地，遂拜他为师，并在《枯树赋》序言中称自己的恩师“道合古今，学殚数术。推步甲乙，度量乾坤”，意思是说孙思邈精通数学和易经等高深学问。后来卢照邻成为唐代著名的“仙宗十友”之一。

第三阶段：退隐深山，著书立说

显庆六年（661 年），高宗因经常头晕目眩，影响处理政务，便让权给皇后武媚娘。高宗之所以让权给武皇后，是因为日后头晕好了还可接过来；如果禅位给儿子，自己只能当太上皇。见此情景，孙思邈离京隐居嵩山修道。

咸亨四年（673 年），高宗患病，诏孙思邈入宫医治，从此再留宫中。第二年，孙思邈打算回去订补《千金要方》一书，于是借口患病，请求高宗允准还山。高宗无奈，只好答应，感其侍御多年，特赐好马一匹为其代步，并将原鄱阳公主封邑给他。后来孙思邈回到华原五台山（今陕西省铜州市耀州区五台山，非山西省五台山），对自己的《千金要方》进行补充，于开耀元年（681 年）撰成《千金翼方》一书。至此，《千金要方》和《千金翼方》两部医药经典全部完稿。其中《千金要方》30 卷，载方 6500 多个，载药 800 多种；《千金翼方》30 卷，载方近 3000 个，载药 233 种。这两部医书收集了从汉到唐的大量医家方剂，使中医历史脉络得以贯通，故后人称《千金要方》为“方书之祖”。传到日本以后，被视为国宝。

《千金翼方》 孙思邈为补《千金要方》之不足，又著此书，形成姐妹篇。（源于百度）

由于书中方子特别灵验，民间便有了书中部分方子源于龙王所赐的神话传说：一次孙思邈上山采药，碰见牧童砍伤一条小蛇，就脱衣包好抱回家中，敷上药，包扎好，放归草丛。几天后孙思邈外出，遇见一位白衣少年，施礼邀他到家一叙。孙思邈跟他走进城郭，有位王者带着侍从迎接，说："我是泾水龙王，深蒙先生大恩，特让孩儿相邀。"说着手指一个青衣小童说："前几天这个孩子被人砍伤，多亏先生悉心相救。"又让小童磕头拜谢。孙思邈这才想起救蛇之事。龙王设宴盛情款待，席散孙思邈告辞，龙王赐他金银珠宝，孙思邈婉言相拒；赐他医书《龙宫奇方》，孙思邈欣然接受。回来后，用这些方子治病救人，非常灵验，孙思邈就把它写进了《千金要方》一书当中。

这个神话传说虽然简短，却把孙思邈本人和《千金要方》医书全给神化了，反映了人们对孙思邈无比崇拜，对《千金要方》非常相信。

682年，孙思邈无疾而终，享年142岁（对他的年龄还有五种说法：101岁、120岁、131岁、165岁、168岁）。唐代末期，世人称孙思邈为"药王"，称华原五台山为"药王山"，为了纪念他，还在山上建起"药王祠"。

干果之王板栗由于营养丰富，药效明显，当年也被孙思邈写进了《千金要方》一书：

"栗子，肾之果也，肾病宜食之"，"生食之良，治腰脚不遂"。

翻译成白话文就是：

栗子，是滋补肾经的干果，得了肾病应该吃它。生吃效果最好，能够治疗腰腿行动不便。

为什么生吃栗子能够补肾呢？因为中医讲究以形补形，栗子形状恰好与肾脏形状相似，所以认为生吃栗子能够补肾。现代医学研究表明，栗子确实有补肾健脾、强身壮骨等功效，原因是栗子含碳水化合物非常丰富，而碳水化合物能够提供较多热能，有利于机体抵御寒冷侵袭，防止腰膝酸软、腿脚不遂，所以，特别适合肾虚患者秋冬季节吃它补肾。

李白访友带板栗

李白　唐代翰林学士，伟大的浪漫主义诗人，人称“诗仙”。

（源于百度）

李白（701—762），字太白，号青莲居士，绵州人（今四川省绵阳市），唐代翰林学士，我国伟大的浪漫主义诗人，人称“诗仙”。

围绕“李白”这个名字，还有一段趣闻呢：

据说李白抓周时抓了《诗经》，父亲很高兴，认为儿子长大可能成为诗人，就想取个好名字，结果越慎重越想不出来。儿子七岁那年春天，父亲对妻子和儿子说，我想写一首春日绝句，只写了两句：

春风送暖百花开，

迎春绽金它先来。

后两句你们娘俩一人给我续一句。

妻子想了想说：

火烧杏林红霞落，

儿子不假思索地向院中李树一指，脱口说道：

李花怒放一树白。

父亲一听，非常惊讶，果然儿子有诗才。于是，就用儿子诗句的开头和末尾两个字起名叫“李白”。

李白的一生绝大部分是在漫游中度过的。唐开元二十三年（735 年），李白来到长安结识了卫尉张卿，并通过他向玉真公主献了诗，最后两句是“几时入少室，王母应相逢”，意思是祝玉真公主得道成仙。

李白去紫极宫遇见了贺知章，立刻上前拜见，并呈上袖中诗篇《蜀道难》，贺知章看了以后惊异万分，赞叹说：“公不是人世之人，您真是天上谪仙人啊！”贺知章是文坛元老，得到他的夸奖，《蜀道难》诗篇连同“谪仙”别号迅速传遍天下。

天宝元年（742 年），由于玉真公主和贺知章的交口称赞，唐玄宗才有兴趣翻看了李白的诗赋，颇为欣赏，便召李白进宫。李白进宫朝见那天，玄宗竟打破惯例，起身相迎，还“以七宝床赐食于前，亲手调羹”。玄宗问到一些当今事务，李白凭着半生饱学和长期社会观察，胸有成竹，对答如流。玄宗大为赞赏，封他为翰林学士（皇帝的顾问兼秘书官），陪侍左右，每有宴会或郊游，就叫他赋诗纪实。

李白嗜酒，不拘小节，但沉酣中所写文章，从未出错；与人议事，也多半不出李白所论，时人称其为“醉圣”。然而李白恃才傲物，狂放不羁，除了高力士为他脱靴、杨国忠为他磨墨的趣闻以外，还有嫔妃们为他哈笔的传说：隆冬季节，李白曾于便殿为玄宗撰写诏书，毛笔冻住无法书写，玄宗便命几十个嫔妃侍立旁边，每人手里拿一支毛笔用嘴哈气，李白再接过毛笔进行书写。李白受到玄宗如此恩宠，同僚们不胜艳羡，但也有人产生了嫉妒心理。

天宝二年（743 年）初春，玄宗于宫中行乐，李白奉诏作《宫中行乐词》。暮春，玄宗与杨玉环在沉香亭赏牡丹，要他立进《清平调》三首。李白尽管醉意未消，还是执笔立就，其中第二首写道：

一枝红艳露凝香，
云雨巫山枉断肠。
借问汉宫谁得似，
可怜飞燕倚新妆。

“可怜飞燕倚新妆”一句，李白的本意是用赵飞燕的依靠新妆之美，来反衬杨贵妃的天生丽质之美，然因用典不慎，被早就心存嫉妒与不满的高力士钻了空子，他趁机挑拨说：“用赵飞燕来比喻妃子，显得妃子也太下贱了吧！”因为赵飞燕出身卑微，骄纵放荡，最后被废，虽贵为汉成帝皇后，但名声实在太差。杨贵妃听了恍然大悟，非常恼火，便在玄宗面前经常说李白的坏话。玄宗几次想给李白封官，答应他当中书舍人，都因杨贵妃从中阻拦而作罢。

李白虽满腹经纶，但视朝堂重臣如草芥，因此力挺他的不多，谗陷他的不少，致使李白始终得不到朝廷重用。久而久之，他厌倦了御用文人生活，从此便玩世不恭，开始与贺知章等人纵酒消遣，玄宗派人宣他也找不到。宫里嫉恨他的人趁机诽谤他。时间久了，玄宗对李白失去了新鲜感，加之谎话听得多了就信以为真，渐渐疏远李白。天宝三年（744 年），李白被赐金放归，结束了他的三年宫廷文学侍从生涯。

李白离京以后，仍然继续他那飘荡四方的流浪生活。安史之乱发生的第二年（756 年），他不慎站错了队，参加了永王李璘的幕府，永王与肃宗发生了争夺帝位的斗争，永王最终失败。李白受到牵连，流放夜郎（今贵州省境内），幸运的是途中遇赦。

晚年漂泊东南一带，投奔族叔当涂县令李阳冰，不久因病去世。唐代刘全白在《唐故翰林学士李君碣记》中写道：“君名白，天宝初诏令归山，偶游至此，以疾终，因葬于此。”这是李白墓志铭中的原话，所以病死之说具有权威性。

除此以外，关于李白之死还有两种说法：一种说法是李白酒醉后失足落水被淹死；另一说法是李白因醉跳入水中捞月被溺死。笔者认为此二说虽有后人诗作为证，但均属主观臆断，牵强附会，缺乏说服力。

《李太白集》 李白的传世作品收集于此书之中。

（源于百度）

李白的诗以抒情为主，他从民间文艺和乐府民歌中汲取营养，提炼以后形成自己的独特风格。他具有超凡的艺术天才，一切可惊可喜、发人深思的万事万物，无不尽收笔端，杜甫评价他的诗“笔落惊风雨，诗成泣鬼神”。流传后世的有《李太白集》。

在《李太白集》里有一首《夜泊黄山闻殷十四吴吟》，写的是李白带着老酒和炒栗，清晨拜访一位高士的情景，语句夸张生动，确实像杜甫所说

“笔落惊风雨”：

昨夜谁为吴会吟，
风生万壑振空林。
龙惊不敢水中卧，
猿啸时闻岩下音。
我宿黄山碧溪月，
听之却罢松间琴。
朝来果是沧洲逸，
酤酒醍盘饭霜栗。
半酣更发江海声，
客愁顿向杯中失。

翻译成白话文就是：

昨夜是谁唱出吴地的动听歌声，
就像万壑之风振响空寂的树林。
蛟龙惊起再也不敢在水中静卧，
老猿也停下叫声静听岩下歌音。
我住在明月照碧溪的黄山之下，
听了歌声立刻停止在松间弹琴。
早晨才知您果然是位隐逸高士，
便提盘沽酒带着炒栗前来助兴。
酒至半酣您的歌更如江涛海啸，
使我的愁绪在酒杯中消失殆尽。

需要说明的是，诗中的黄山，并非今天安徽省黄山市的黄山，而是异地同名。

大家可能万万没有想到，曾获玄宗皇帝重金赏赐的诗仙李白，手头可谓阔绰，然而他既不带鸡鸭，也不带鱼虾，而带糖炒栗子作为佐酒菜，前来结识从未谋面的陌生高士，莫非李白囊中羞涩？莫非李白吝啬小气？莫非李白怠慢客人？全都不是，而是在诗仙李白看来，糖炒栗子不知要比山珍海味强过多少倍！

出锅新栗　李白《夜泊黄山闻殷十四吴吟》中有“酤酒醍盘饭霜栗”之句。

（源于百度）

杜甫帮人捡板栗

杜甫 唐代工部员外郎，伟大的现实主义诗人，人称“诗圣”。
（源于百度）

杜甫（712—770），字子美，自号少陵野老，原籍湖北襄阳，生于河南巩县（今巩义市），唐代检校工部员外郎，伟大的现实主义诗人，人称“诗圣”。

天宝十年（751年）正月，唐玄宗将举行祭祀太清宫、太庙和天地三大盛典，杜甫把事先写好的《三大礼赋》献上，得到玄宗的赏识，命挂号在集贤院等待分配。

天宝十四年（755年），杜甫被授予河西尉这种小官，他不愿意，朝廷将其改任右卫率府兵曹参军（负责看守兵甲器杖、管理门禁锁钥的小官）。当时杜甫已经44岁，迫于生计，只得接受这个用非所学的职务。

这年冬天，安史之乱爆发，潼关失守，唐玄宗不顾群臣的劝阻，执意逃往四川避难。大臣们强烈要求把太子李亨留下来主持大局。

天宝十五年（756 年）七月，太子李亨在众臣的拥戴下，于灵武（今宁夏回族自治区灵武市）即位，称为“肃宗”，遥尊远在四川的父皇为太上皇，命朔方节度使郭子仪、河东节度副使李光弼率领大军平定安史之乱。

这时杜甫已经把家搬到鄜州（今陕西省富县）羌村避难，他听说肃宗即位，这年八月只身北上，投奔灵武，途中不幸被安史叛军所俘，押到长安。被俘人员凡是官大的都被囚禁起来，直到答应为叛军所用方可放出。杜甫因为官小，没被囚禁，允许他四处游荡。

至德二年（757 年）四月，郭子仪大军来到长安北部，杜甫冒着生命危险从城西金光门逃出长安，穿过对峙的两军，到凤翔（今陕西省宝鸡市）投奔肃宗。五月十六日，被肃宗授为左拾遗（八品谏官，职责是对国家大事发表查漏补缺的意见），世称“杜拾遗”。

当时，唐肃宗急于收复京城长安，但对战功赫赫的郭子仪心存芥蒂，便赶鸭子上架，让宰相房琯带着一帮文官去攻打长安。房琯本来就不会打仗，只得照搬古代战法，把一群牛双角绑上刀剑打头阵。岂不知安禄山手下兵将多数是游牧民族，最擅长制服牛马，一阵敲锣打鼓就把牛群吓得跑了回来，结果唐军被自家战牛顶得落花流水。

肃宗无奈，还是靠郭子仪收复了长安。肃宗率文武百官回到京城，把战败责任全部推到房琯身上，免去宰相职务。杜甫看出了战败原因，加之房琯平时政绩不错，与自己私交又好，就冒死进谏，力保房琯相位。结果触怒了唐肃宗，乾元元年（758 年）六月，被贬为华州（今陕西省渭南市华州区）司功参军（主管祭祀、教育工作）。

乾元二年（759 年）三月，唐军与安史叛军在邺城（今河南省安阳市）爆发大战，唐军大败，为了补充兵力，到处抓壮丁，把百姓折腾得无法生活。恰好此时杜甫从洛阳探亲回来去华州上任，途经石壕村（在今河南省三门峡市陕州区东南），借宿在老农家里。半夜响起急促的敲门声，老头儿赶紧翻墙逃跑，老婆婆去开门。差役厉声喝问男人哪里去了，老婆婆说三个儿子都上邺城打仗，两个战死沙场，家里只剩儿媳和小孙子。差役不肯罢休，把老婆婆带到军营去做苦役。杜甫同情百姓疾苦，把一路所见所闻写成六首诗歌，分别是《石壕吏》《潼关吏》《新安吏》《新婚别》《垂老别》《无家别》，这就是著名的史诗“三吏三别”。同年秋后，杜甫对时政痛心疾首，放弃了华州司功参军职务。

上元二年（761 年）十二月，杜甫的故交严武被朝廷任命为成都府尹兼御史大夫，担任剑南节度使。杜甫知道以后，来到成都投奔严武，当了节都（节度使的私人卫队）。

宝应元年（762 年）四月，玄宗和肃宗父子相继驾崩。七月，严武被召回京城，升任京兆尹兼御史大夫，监修二帝陵墓。严武一离开成都，继任者高适力不能支，蜀中大乱。

广德二年（764 年）春天，朝廷为了收拾蜀中乱局，再次任命严武为成都府尹兼御史大夫，担任剑南节度使。因为此时贬杜甫为地方官的肃宗已经驾崩，即位的代宗是位明主，肯定同意给杜甫落实政策。严武审时度势，上表朝廷推荐杜甫为检校工部员外郎（“检校”是代理的意思；“工部员外郎”是工部下属诸司的副长官，从六品），不用去京城上任，留在成都给自己当参谋，世称“杜工部”。

在严武的帮助下，杜甫在城西浣花溪畔修建了一座草堂，世称“浣花草堂”，也叫“杜甫草堂”。虽然暂得安稳，却依旧贫困。但主雅客来勤，相传有一天，几位朋友来访，想在浣花草堂以诗会友，杜甫作为东道，须用好酒好菜招待。这可难坏了杜夫人，家中哪有好酒好菜？杜甫见厨房里有韭菜、鸡蛋和豆腐渣，便和夫人耳语几句。不大工夫，杜夫人就端上来色彩鲜明的三菜一汤，分别是：炒韭菜加俩蛋黄，熬韭菜加蛋白，清蒸雪白豆腐渣，清汤里漂着几片白色蛋壳。

浣花草堂　杜甫在友人剑南节度使严武帮助下，于成都建起此堂。（源于百度）

菜邑寒酸，但是杜甫却给它们赋予了非常高雅的菜名，依照次序分别是：

两个黄鹂鸣翠柳，
一行白鹭上青天。
窗含西岭千秋雪，
门泊东吴万里船。

朋友们佩服杜甫构思奇巧，都拍手叫绝，戏称“诗宴”！

朋友常到他家来访，他也常到朋友家去。离浣花草堂不远，有位锦里先生（朱山人），杜甫称之为“南邻”，两家关系很好。一天，杜甫到南邻家去串门，因为彼此非常熟悉，见他来了，孩子喜笑颜开，鸟儿不惊不叫。杜甫见他家正收栗子，便蹲下来一边帮忙拾捡，一边与锦里先生聊天，不知不觉月上柳梢，杜甫告辞回家，锦里先生送出柴门。杜甫到家以后，根据白天所见所闻，写下了这首生活气息非常浓郁的《南邻》诗：

锦里先生乌角巾，
园收芋栗未全贫。
惯看宾客儿童喜，
得食阶除鸟雀驯。
秋水才深四五尺，
野航恰受两三人。
白沙翠竹江村暮，
相对柴门月色新。

翻译成白话文就是：

在锦江边上有位老先生，头上戴着黑色的方巾，
园里每年可收许多芋头和栗子，不能算作穷人。
孩子平时已经看惯了宾客来访，总是乐呵呵的，
鸟雀在台阶上觅食也不惊恐，它们已经被驯服。
秋天锦江里的水比较浅，水深不过四五尺左右，
野渡的小船空间也不很大，只能容纳两三个人。
白沙滩和绿竹林渐渐笼罩在江边村庄的夜色里，
锦里先生把我送出柴门，一轮新月也刚好东升。

全诗呈现出两幅画面，前四句是山庄访隐图，后四句是江边送别图，诗中有画，画中有诗。“园收芋栗未全贫”告诉我们，在唐代只要家中栽有栗树，就不能算作贫困户，可见栽植栗树是当时农民发家致富的重要措施之一。

南邻拾栗 杜甫《南邻》诗中有“园收芋栗未全贫”之句。（源于百度）

张籍写猴偷板栗

张籍 唐代国子监司业，诗人，曾写《山禽》诗咏叹亭前板栗。（源于百度）

张籍（约765—830），字文昌，祖居和州乌江（今安徽省和县乌江镇），唐代国子监司业，诗人。

唐贞元十四年（798年）张籍北游，经好友孟郊介绍，在汴州（今河南省开封市）认识了“唐宋八大家”之首的韩愈，韩愈当时是汴州主考官，经他推荐，张籍第二年在长安（今陕西省西安市）进士及第。从此张籍成了韩愈的大弟子，历任太常寺太祝（主管祭祀的官员）、水部员外郎（负责水利工程，一把手称郎中，从五品；二把手称员外郎，从六品）、国子监司业（国子监祭酒为一把手，从三品；司业为二把手，从四品）等职，世称“张水部”“张司业”。

在诗歌创作上，张籍是杜甫的铁杆粉丝，据冯贽《云仙散录》记载，他曾把杜甫的名诗一首一首地烧掉，把纸灰拌上蜂蜜，一天早上吃三匙。一天，朋友来访，见他正吃蜂蜜拌纸灰，很是不解，就问他为什么这样做？张籍说："把杜甫的名诗吃到肚子里，就能写出和他一样的好诗来！"朋友哈哈大笑。

这件事情到底有没有，无从可考。但张籍潜心学习杜甫诗歌却是真的。因此，他的诗也卓然超群，代表作有《秋思》《节妇吟》《野老歌》等。其中《节妇吟》不仅是唐诗中的名篇，而且还为张籍保住了性命、保全了名节。事情的经过是这样的：

中唐时期藩镇割据、抗拒中央。当时的藩镇都会向著名文人伸出橄榄枝，延请他们做幕僚。在唐朝，文人的地位不是很高，并非所有文人都能享受富足生活。因此，很多没有骨气的文人就抛开中央朝廷，奔向藩镇割据，这种做法等于为虎作伥，加剧了唐朝藩镇割据的危害，助长了各节度使的气焰，韩愈曾经猛烈批评过这种行为。张籍作为韩愈的大弟子，自然要与恩师保持一致，维护朝廷权威，维护祖国统一。但是，平卢淄青节度使李师道还是盯上了他。

李师道父兄三人长期经营河北，实力雄厚，盘根错节，心狠手辣。当时朝廷要征讨淮西节度使吴元济，李师道表面上支持朝廷用兵，暗中却帮助吴元济对抗朝廷。李师道为了震慑朝廷主张对藩镇实行强硬手段的高官，竟派人暗杀了宰相武元衡。这样一个什么事都干的武夫偏偏还挂着宰相的头衔，位高权重。他向张籍发出邀请，张籍确实无法直截了当地拒绝，但他以足够的智慧写下了这首著名的《节妇吟》，又名《节妇吟寄东平李司空师道》：

君知妾有夫，
赠妾双明珠。
感君缠绵意，
系在红罗襦。

妾家高楼连苑起，
良人执戟明光里。
知君用心如日月，
事夫誓拟同生死。
还君明珠双泪垂，
恨不相逢未嫁时。

翻译成白话文就是：

你明知我已经有了丈夫，
还偏要送给我一对明珠。
我心中感激你情意缠绵，
把明珠系在了红罗短衫。
我家高楼连着皇家花园，
丈夫持戟在皇宫里值班。
虽然知道你真心无遮掩，
但我发誓与丈夫共患难。
还你明珠我两眼泪涟涟，
遗憾没有遇你在未嫁前。

这首诗用暗喻手法，将李师道比作“君”，将自己比作“妾”，将赐给的官职比喻成“明珠”，寓意非常明显，张籍要像诗中节妇不背叛丈夫那样，自己绝不背叛朝廷，婉转地谢绝了李师道赐给的官职。因为他的婉转和这首诗所展现的才气，李师道最终放过了他。后来李师道果然造反，唐宪宗以铁腕手段，调集各地节度使联合镇压。在大军压境之时，李师道内部崩溃，他本人被部将所杀，全部土地收归朝廷。试想如果当初张籍贪图眼前富贵投奔了李师道，不但会被视为乱臣贼子遭到诛杀，而且还会失去一生的名节。

张籍的诗除了《节妇吟》这样暗喻巧妙、委婉感人的以外，还有一些诗清丽如画，意境深远，令人读后有身临其境、如入画中之感，例如他的七绝《山禽》：

山禽毛如白练带，
栖我亭前栗树枝。
猕猴半夜来取栗，
一双中林向月飞。

这首诗展现出两幅风格迥异的画面：

前两句展现的是一幅花鸟画：一对拖着白丝带一样长尾的山鸟，并肩站在我家亭子前面挂满栗果的树枝上，在月光的映衬下，它们的剪影显得十分清晰而又非常美丽。

后两句展现的是一幅动物画：半夜时分，有只幽灵似的猕猴连爬带跳蹿到树上，熟练地偷剥栗果，树枝的颤动惊起这对恩爱的山鸟，扇动着翅膀擦着林梢向月亮飞去。

第一幅画面突出的是静，第二幅画面突出的是动，动静相映，把山禽和猕猴都为鲜栗而来的场景表现得含蓄而又生动，充分说明，连头脑简单的动物都知道栗子营养丰富。

山禽毛如白练带，
栖我亭前栗树枝。
（源于百度）

猕猴半夜来取栗，
一双中林向月飞。
（源于百度）

乐天登高赏板栗

白居易（772—846），字乐天，晚年号香山居士。郑州新郑（今河南省新郑市）人，唐代刑部尚书，著名诗人。

白居易 唐代刑部尚书，著名诗人。（源于百度）

他出生于中小官僚家庭，少年时读书非常刻苦，读得嘴唇生了疮，手指长了茧。唐贞元三年（787年），16岁的白居易来到京城长安（今陕西省西安市），带着自己的诗稿去拜见名士顾况。顾况看到诗稿落款“白居易”，就拿他的名字开玩笑：“长安米正贵，居住不容易！”读到诗稿《赋得古原草送别》“离离原上草，一岁一枯荣。野火烧不尽，春风吹又生”的句子时，马上连声说：“好诗！好诗！”立即改口：“文采如此，居之容易！居之容易！”后来，顾况经常向别人谈起白居易的诗才，倍加夸奖，从此白居易名声大震。

白居易一生经历了三个阶段，三个阶段三种人生：

第一阶段：在京做官，兼济天下，直言敢谏

贞元十六年（800 年），29 岁的白居易中了进士，先后任秘书省校书郎（秘书省是管理国家文献的机构，校书郎负责校对工作，是升官的阶梯）、翰林学士（皇帝的顾问兼秘书官）等职。元和年间（806—815 年）任左拾遗（八品谏官，职责是对国家大事发表查漏补缺的意见）。白居易认为既然受到皇帝赏识和提拔，就应该尽言官之职以报浩荡皇恩，因此频繁上书提建议，希望以此补察时政，经常被皇帝采纳。然而他提建议不讲方式，有时还不分场合当面指出皇帝的过错，令宪宗十分不快。

元和十年（815 年）六月，白居易 44 岁时，宰相武元衡和御史中丞裴度遭人暗杀，武元衡当场死亡，裴度受了重伤。如此重大的刑事案件，当时掌权的宦官集团和官僚集团居然集体保持沉默。白居易非常气愤，便上书力主严缉凶手，以肃法纪。可是那些掌权者非但不褒奖他热心国事，反而说他是僭越行为，于是将他贬为江州司马（江州是今天的江西省九江市；司马是刺史的副官，没什么权力，多用于被贬官员的任职）。

第二阶段：地方做官，独善其身，为民解难

贬谪江州是白居易一生的转折点，之前他以“兼济天下”为己任，之后转向“独善其身”而处世，但是，仍然非常关心人民疾苦。后来他转任杭州刺史，见杭州有六口古井年久失修，便主持疏浚六井，解决市民饮水问题。又见西湖淤塞，农田干旱，立即修堤蓄水，灌溉良田，缓解旱灾造成的危害，并作《钱塘湖石记》一文

（钱塘湖是西湖的古称），将治理湖水的政策方法和注意事项刻在石上，竖于湖边，为后人治理湖水提供借鉴。离开杭州以前，白居易将一笔官俸留在州库之中作为基金，以供后来治理杭州的官员公务周转，事后再予补齐。人们为了纪念白居易，将他组织修筑的白沙堤更名为“白堤”。

后来，暗杀宰相武元衡和御史中丞裴度的幕后黑手——平卢淄青节度使李师道起兵造反，唐宪宗采取铁腕手段调集各地节度使进行镇压，在大军压境时出现内乱，李师道被部将所杀。这件事情充分说明，当年白居易上书力主严缉凶手是正确的，如果当时拿问了李师道，使他失去造反机会，国家就不会遭受重大损失。

可见，以僭越行为将白居易贬为江州司马是错误的。所以，唐文宗大和二年（828 年），朝廷为白居易落实了政策，召回京城予以重用，先后任刑部侍郎（刑部尚书的助手，尚书相当于今天的部长，正一品；侍郎相当于副部长，正二品）、太子少傅（东宫设太师、少师，负责传授知识；太傅、少傅，负责监督行为；太保、少保，负责保护安全。“三太”正一品，“三少”正二品，均属兼官、加官、赠官）等职，后来又提拔为刑部尚书（正一品）。

第三阶段：退居洛阳，诗酒为伴，乐享余年

会昌二年（842 年），白居易从刑部尚书职位上退休，隐居洛阳。退休后仍不忘公益事业，73 岁时还出钱开挖龙门河道阻碍航船的石滩。但更多时间是乐享余年，每当良辰美景，经常邀裴度、刘禹锡等好友来家，一边饮酒，一边抚琴，一边作诗，大醉方休。

有时也乘兴到郊外游玩，并题诗纪胜。一天，白居易到村外登高望远，见东面的古坟旁边看不见多少花花草草，只见栗树繁茂，

龙门河道 白居易退休后居于洛阳，自己出钱疏通此段河道。（源于百度）

枣树成林，风景优美，心情大好，遂作《登村东古冢》诗一首：

高低古时冢，
上有牛羊道。
独立最高头，
悠哉此怀抱。
回头向村望，
但见荒田草。
村人不爱花，
多种栗与枣。
自来此村住，
不觉风光好。
花少莺亦稀，
年年春暗老。

这首诗通俗易懂，不用翻译大家也能看出它的含义。“村人不爱花，多种栗与枣”，说明唐代农民不愿意栽植仅供观赏的花花草草，而喜欢培育能够带来经济效益的干鲜果树。可见唐人不重虚名重实际，不重形式重实惠，在这种健康思想的引领下，大力发展红枣和栗子等干鲜果品生产，进而过上丰衣足食的好日子，开创了举世闻名的大唐盛世。

栗花盛开 白居易《登村东古冢》诗中写“村人不爱花，多种栗与枣”。

（刘玉宗摄）

安石允孙爱板栗

王安石 北宋宰相，杰出的政治家、思想家、改革家、文学家。（源于百度）

王安石（1021—1086），晚年封荆国公，世称“王荆公”，江西临川（今江西省抚州市临川区）人，北宋宰相，杰出的政治家、改革家、文学家，“唐宋八大家”之一。

王安石21岁考中进士，46岁入朝，期间25年多次谢绝宋仁宗、宋英宗的重用任命。主要原因是，他深知此时入朝，由欧阳修、司马光等德高望重的老臣主持朝政，自己很难得到皇帝的绝对支持，无论如何也实施不了新政。于是宁做鸡头，不做凤尾，情愿在偏远地方当个县官，开展改革试验，实现自己的政治抱负。

治平四年（1067年）正月，英宗驾崩，神宗即位。神宗执政之初，庞大的军费、冗杂的官禄让宋朝国库入不敷出。宋朝虽拥兵百万，却屡遭外敌袭扰。他认识到，要改变这种被动局面，当务之急是找到一位定国安邦的治世能臣。

神宗从小喜欢读法家著作，而且看过王安石的《上仁宗皇帝言事书》，通篇谈变法，极为敬佩，所以立即叫王安石做了江宁（今江苏省南京市江宁区）知府。不久召其进京，任翰林学士（皇帝的顾问兼秘书官）兼侍讲（为皇帝讲解书史经义）。熙宁二年（1069年）春立为宰相。

在神宗的全力支持下，王安石以“天变不足畏，祖宗不足法，人言不足恤”的大无畏精神，革除北宋自仁宗以来存在的积弊，全力推行富国强兵政策，使暮气沉沉的宋朝焕发了生机。财政收入大幅增长，国库积蓄可供朝廷20年支出。同时，新法在一定程度上抑制了地主豪强的兼并势力，限制了他们对农民的无情盘剥，对农业生产的发展起到了巨大推动作用，呈现出百年未有的繁荣景象。

王安石除了卓著的改革成就名垂青史以外，更令人敬重的还有他那高尚人品和远见卓识，主要表现在四个方面：

一是对待民众主张平等

王安石主张天下人人平等，并且率先垂范，从不因为自己是一人之下、万人之上的宰相，就作威作福、叫人抬着走。因此，他不管上朝还是下朝，不管刮风还是下雨，始终坚持骑马，从来不坐轿。

他还主张男女平等，倡导男人对女人要给予足够的尊重，女人不是男人的附属品。因此他从不纳妾，这在封建社会士大夫阶层是难能可贵的。有一次，他夫人给他买了一个小妾，生得颇有几分姿色。小妾进到里间拜见王安石，王安石大惊失色，问道：“怎么回事？”小妾回答：“夫人吩咐奴婢来伺候老爷。”王安石又问：“你是谁？”小妾回答：“奴家的丈夫主管官麦，因为沉船官麦都没了，丈夫要赔钱，卖了家产还不够，只好把奴家也卖了。”王安石派人把她丈夫找来，叫他接回妻子，不仅没叫退钱，反而倒贴银两，帮他渡过难关。

二是对待谗臣绝不手软

王安石在神宗的全力支持下推行新政，大胆起用新人，不免有一些阿谀奉承、投机钻营之徒趁机活动。对于这种人，王安石发现一个，查处一个。熙宁八年（1075 年）二月，王安石再度出任宰相，但由于新党内部分裂，使改革推进更加困难，王安石于熙宁九年（1076 年）春天，上表请求辞去宰相职务。有个叫练亨甫的官员，对御史中丞邓绾说："你为何不对皇帝说，用特殊的礼遇来挽留丞相呢？把丞相有官职的子侄都升为高官，没官职的亲朋都授予官职，再在京城赐予丞相宅第田园，丞相辞职的念头就会打消。"邓绾听信了练亨甫的话，一一上奏神宗。神宗当时没有表态，只是点了点头。一天，王安石又向神宗奏请离职。神宗说："只要你能留下来，你的要求我全部答应，只是目前还没有一座合适的宅院给你。"王安石听了十分惊讶，问："我何时有过这等要求？"神宗把原委一说，王安石立即请求查处邓绾和练亨甫。

三是对待政敌高风亮节

苏轼的政治观念与王安石的新法南辕北辙，苏轼的学术思想也与王安石的新学格格不入，二人势必要发生冲突成为政敌。然而王安石与苏轼的矛盾仅仅是政治观念不同，为了推行新政，王安石当然要打击、排斥、清洗反对派，但也仅仅是将其降职或流放，从不罗织罪名将其置于死地。相反，当政敌陷于危难时，他能主动伸出援手。特别是在乌台诗案（"乌台诗案"具体情况见下节《苏轼出对争板栗》）中，御史中丞李定、何正臣，通过寻章摘句等办法，强加给苏轼“四大罪状”，请求神宗皇帝处死苏轼。此时王安石已经第二次辞去宰相职务退居江宁，仍立即上书神宗：“圣朝不宜诛名士！”促使神宗对苏轼从轻发落，降职为黄州（今湖北省黄冈市）团练副使。可见王安石胸怀博大，高风亮节，确实是宰相肚里能撑船。

江宁一角　王安石因变法三大主力背叛、新政无法推行，退居于此。（源于百度）

四是对待后辈宽严有度

王安石认识到孩子是家庭和国家的未来，因此非常注重对后辈的培养。他的原则是，孩子小时候叫他自由成长，有个天真烂漫的童年；长大以后必须严格约束，刻苦读书学富五车。因此，王安石在七绝《赠外孙》中写道：

南山新长凤凰雏，
眉目分明画不如。

年少从他爱梨栗，
长成须读五车书。

翻译成白话文就是：

女儿生了一个可爱的小凤凰，
眉目清秀比画上画的还漂亮。
小时候允许他喜欢梨和栗子，
长大必须刻苦读书学富五车。

透过“年少从他爱梨栗”一句可以看出，王安石认为在众多干果当中，只有栗子才能促进儿童生长发育。现代医学研究表明，王安石的判断是正确的，栗子营养非常丰富，孩子吃了可以提高免疫力，可以补脾利气，可以补钙促进骨骼发育，因此栗子是儿童最好的零食。

王安石《赠外孙》中有“年少从他爱梨栗，长成须读五车书”之句。 （源于百度）

苏轼出对争板栗

苏轼 北宋中书舍人，著名文学家、书法家、画家。（源于百度）

苏轼（1037—1101），字子瞻，号东坡居士，眉州眉山（今四川省眉山市）人，北宋中书舍人，著名文学家、书法家、画家，“唐宋八大家”之一。

苏洵在《名二子说》中写道，老大个性张扬，豪放不羁，取名“苏轼”，“轼”是车前作为扶手的横木，它不像车轮、辐条、顶盖、车厢作用那么大，仅起装饰作用而已，希望他注重装饰自己，察言观色，掩饰内心，遇事不要冲动，待人别太坦诚；取字“子瞻”，让他瞻前顾后，谋定而动。老二性格内敛，比较沉稳，取名“苏辙”，“辙”是车轮碾压之后留下的痕迹，天下的车没有不沿着车辙走的，但车的功劳却没有车辙的份儿，车毁马亡也责难不到车辙身上；取字“子由”，意思是勿辟蹊径，从众而行。

然而名字只能起到警示作用，很难改变一个人的性格。苏轼才华横溢却锋芒太露，待人真诚却心无城府，见识卓绝却不屑韬晦，造成新旧两党都不容他，以致宦海浮沉，颠沛流离，晚年才大彻大悟，遂深有感触地写了首《七绝》：“人皆养子望聪明，我被聪明误一生。唯愿孩儿愚且鲁，无灾无难到公卿。”

下面，让我们看看苏轼是怎样被聪明误了一生的：

朝堂难容出京任职

仁宗嘉祐元年（1056年）秋天，苏洵带着苏轼和苏辙乘船到益州（今四川省成都市）参加乡试，益州知州张方平能够慧眼识才，他与苏轼、苏辙交谈之后，出了六个题目让兄弟二人当场作文，他躲到隔壁偷偷观看。苏轼拿到考题之后提笔就写；苏辙非常谨慎，问哥哥第五个题目出自哪里。苏轼没说话，把毛笔倒过来，用笔管敲了敲桌子。苏辙立刻明白出自《管子注》。一会儿苏辙又用眼光询问第六题出处，苏轼走过去直接将这道题划掉。苏轼、苏辙先后交上写好的五篇文章，张方平看后大喜，他出的题目都很偏，不是博学者根本不知出处，第六题是陷阱，无出处。张方平高兴地对苏洵说：“两个孩子都是天才。老大聪敏过人，让人喜欢；老二谨慎持重，功业或许超过哥哥！我给欧阳修写封信，推荐他俩明年直接参加礼部会试。”并为哥俩掏了进京路费。

嘉祐二年（1057年），21岁的苏轼和19岁的苏辙进京参加会试，主考官是文坛领袖欧阳修，嘱咐副主考梅尧臣千万不要漏掉有思想内涵的好文章。梅尧臣发现一篇呈上，欧阳修看后非常激动，当时实行糊名法，以为是自己学生曾巩所写，本应列为第一，为了避嫌列为第二，最后撕开糊名一看是苏轼。欧阳修问苏轼：“文中典故出自何处？”苏轼说：“典出《三国志•孔融传》。”欧阳修回去后没查到，下次见面又问苏轼：“《孔融传》里没有这个典故呀！”苏轼说：“当年曹操打败袁绍以后，抢了袁绍儿子袁熙的老婆甄宓（三国三大美女之一），赏给了儿子曹丕。孔融当时讽刺曹操说：‘当年周武王打下天下之后，肯定把妲己赏给了周公旦。’曹操说：‘怎么会有这种事情？’孔融说：‘以今日之事推知。’”欧阳修愕然，苏轼接着说：“孔融都能想当然，我就不能？”事后欧阳修给予苏轼很高评价：“此子可谓善读书，善用书，他日文章必独步天下！”苏轼一时名声大震，每有新作，立刻传遍京城。

嘉祐六年（1061 年），苏轼参加制科考试（由皇帝下诏选拔特殊人才的不定期考试），获得“百年第一”，授签书凤翔府判官（相当于现在司办公室主任），后来又任判登闻鼓院（受理官民建议和接待上访）。

治平三年（1066 年），苏洵病逝，苏轼、苏辙扶柩还乡，守孝三年。还朝时正赶上王安石变法，许多师友因反对新法，隐退的隐退，辞官的辞官，被贬的被贬。恩师欧阳修退隐林泉，司马光居家撰写《资治通鉴》，朝廷已物是人非。

熙宁四年（1071 年），苏轼上书谈论新法的诸多弊端。王安石颇为震怒，让御史谢景在神宗面前陈说苏轼的过失。苏轼见朝中政治环境已不容己，于是请求出京到地方任职，被授杭州通判（州的副长官，相当于今天的副市长）。

熙宁七年（1074 年）秋至元丰二年（1079 年）三月，又先后任密州（今山东省诸城市）、徐州（今江苏省徐州市）知州（州的长官，相当于今天的市长）。他在地方革新除弊，因法利民，颇有政绩。

乌台诗案众人相救

元丰二年四月，苏轼调往湖州（今浙江省湖州市）任知州，例行公事写《湖州谢上表》寄给朝廷，表中有“知其愚不适时，难以追陪新进；察其老不生事，或能牧养小民”等牢骚话。

七月二十八日，御史中丞李定、何正臣等新党人士，抓住苏轼表中这两句话和此前赠给友人的诗句，以暗讽朝廷、讥刺新政为名逮捕苏轼，关在御史台，因御史台院内遍植柏树，树上常有乌鸦筑巢，也叫“乌台”，此案遂称“乌台诗案”，涉人众多，震动朝野。苏轼受尽折磨，承认批评新政。最后，李定等人强加给苏轼“四大罪状”，请求神宗处死苏轼。

在这紧要关头，旧党和新党正直之士纷纷出面营救苏轼，司马光、张方平都替苏轼求情，苏辙情愿纳还所有官位给哥哥赎罪。当朝宰相吴充直言：“陛下以尧舜为榜样，看不起曹操，固然正确，然而曹操那样猜忌，还能容下祢衡，陛下却不能容一苏轼？”退居宰相王安石也立即上书劝神宗皇帝：“圣朝不宜诛名士。”诸多因素促使神宗下旨免苏轼一死，贬为黄州（今湖北省黄冈市）团练副使，有职无权，监督使用。

苏轼在黄州生活六年，远离政治，苦中取乐。曾带领家人到城东山坡开荒种地，“东坡居士”别号由此而得。了解到黄州羊肉贵、猪肉贱，富人喜欢吃羊肉，穷人吃不起羊肉只好吃猪肉，但又不懂猪肉到底怎样做才好吃，苏轼经过不断摸索，创烧了颇具特色的“东坡肉”，并写成通俗易懂的《猪肉颂》教给黄州百姓：“净洗铛，少著水，柴头罨烟焰不起，待它自熟莫催它，火候足时它自美。”

苏轼除了写美食，还写山川，曾多次到城外的赤壁游览，写下了前后《赤壁赋》和《念奴娇·赤壁怀古》等名篇，成为后世文人难以企及的巅峰之作。

赤壁 赤壁之战和苏轼三篇名作，助其成为全国著名旅游区。（源于百度）

两党不容再度出京

元丰八年（1085 年）哲宗即位，高太后以哲宗年幼为名临朝听政，重用旧党，司马光重新入朝为相，新党被打压。同为旧党的苏轼复为朝奉郎（文散官，正六品）兼登州（今山东省蓬莱市）知州。四个月后，以礼部郎中（礼部副职）之职被召还朝；半个月后升为起居舍人（记录皇帝所发命令）；三个月后升为中书舍人（起草诏书，参与机密）；不久又升翰林学士（皇帝的顾问兼秘书官）、知制诰（起草诰命）、知礼部贡举（主持礼部进士考试）。

17 个月里，苏轼在司马光的提携下连升 12 级。按理说苏轼应该唯司马光马首是瞻，但他始终把实事求是、以民为本摆在个人恩怨之上。司马光对王安石的新法全盘否定，苏轼认为应该分析利弊，废止差的，沿用好的。遂与司马光产生严重分歧，二人激烈争吵起来，气得司马光不叫苏轼说下去。苏轼说：“您年轻时曾跟宰相韩琦争论，韩琦很不高兴，您还是坚持把话说完了。现在您做了宰相，就不允许我把话说完？”司马光只得苦笑着叫他说下去。苏轼气还没消，回到家里一边脱衣，一边嚷嚷“司马牛，这个司马牛！”说司马光太像犟牛了，可见两人冲突达到何等程度！至此苏轼既不容于新党，又不见谅于旧党，于是再度请求外调。

元祐四年（1089 年），苏轼任龙图阁学士、杭州知州。由于西湖长期没有疏浚，湖水逐渐干涸，严重影响了农田灌溉。到任第二年，苏轼便率领民众疏浚西湖，用挖出的淤泥筑成一条纵贯西湖的长堤，以便行人游览，后人称为“苏公堤”，简称“苏堤”。

杭州发生瘟疫，苏轼拿出向好友巢谷发誓永不外传才求来的祖传防瘟秘方，号召百姓上山去采圣散子，在路边支起大锅熬药，免费供大家喝。而后自掏五十两黄金，又从公款里拨出两千贯钱，建起一所“安乐坊”，专为百姓治病。可以看出，苏轼在朝廷战略问题敢争论，在地方具体问题能解决，大事小事做得都很漂亮！

再度回京再度遭贬

元祐六年（1091 年），苏轼再度被召还朝，任吏部尚书。但不久又因政见不合，于同年八月调往地方，先后任颍州、扬州、定州知州。这一年高太后去世，旧党失去靠山。哲宗皇帝亲自执政，新党东山再起，对旧党再度打压，绍圣元年（1094 年）六月，苏轼被贬至蛮荒之地惠州（今广东省惠州市）。

绍圣四年（1097 年），苏轼已经 61 岁，新党对苏轼不依不饶，将他一贬再贬，竟贬到有大海相隔的儋州（今海南省儋州市）。这里瘴气弥漫，环境恶劣，当时人们都说贬到儋州只比诛灭九族稍强一些。此时苏辙被贬雷州（今广东省雷州市），亲自乘船把哥哥送到儋州。苏轼见儋州文化落后，就兴教育，办学堂。当时社会上流传着“苏文生，食菜羹；苏文熟，食羊肉”，意思是不熟悉苏轼文章，科考落第嚼菜根；熟悉苏轼文章，科考得中吃羊肉。因此许多人不远千里追到荒岛甘当苏轼学生。以前海南从来没人参加过科举考试，不久苏轼的学生姜唐佐就考中了进士。苏轼使蛮荒之地得到开化，乡民们非常感激，便用“东坡村”“东坡井”“东坡路”“东坡桥”等地名纪念他。

元符三年（1100年）初，哲宗驾崩，徽宗即位，旧党重返朝堂。二月大赦天下，苏轼相继被安置到廉州（今广东省合浦县廉州镇）、永州（今湖南省永州市）、舒州（今安徽省安庆市）居住。苏轼六月渡过琼州海峡，一路向北。十一月朝廷又下诏，苏轼复为朝奉郎（给六品官俸），任选地方居住。苏轼北归至他喜欢的常州时，于建中靖国元年（1101年）七月二十八日逝世，享年65岁。

苏轼一生曾在7个地方任知州，最惬意的当属任杭州知州那段时光，不仅政绩突出，而且朋友众多。相传在杭州他与金山寺的著名和尚佛印成为至交，二人诗词唱和，品茗戏谑，往来频繁，有一次竟为争吃糖炒栗子而各展奇才。

一天，佛印来访，苏轼用糖炒栗子招待他，那炒好的栗子露出了黄澄澄的栗仁儿，惹得佛印早想尝一尝。苏轼却提出要对对子，赢家才能吃炒栗，便脱口出一上联：

栗破凤凰现。

这上联出得奇绝，利用“凤凰”与“缝黄”的谐音，表达出的意思是栗子炒熟之后，裂开一道缝儿，黄澄澄的栗仁儿便露了出来。

苏轼与佛印 二人是好友，经常一起品茗戏谑、诗词唱和。（源于百度）

佛印也非等闲之辈，三岁能读《论语》，五岁能诵诗三千首，被称为“神童”，文思也非常敏捷，马上对出下联：

藕断鹭鸶连。

这下联对得奇妙，利用“鹭鸶”与“露丝”的谐音，表达出的意思是莲藕虽然断了，但一条条白丝却连在一起，并且“鹭鸶”和“凤凰”都属吉祥鸟，对得严丝合缝。

苏轼听了之后由衷佩服，忙把炒栗捧给佛印：“该你吃炒栗，该你吃炒栗！”

可见，苏轼确实是个美食家，除了喜欢烧制东坡肉以外，还特别喜欢糖炒栗子，并且经常用它来招待贵客。足以说明在各种文化都高度发达的宋代，糖炒栗子不仅为普通百姓所喜欢，而且也被社会名流所青睐！

苏辙腰疼嚼板栗

苏辙 北宋尚书右丞（副宰相），文学家。 （源于百度）

苏辙（1039 — 1112），字子由，眉州眉山（今四川省眉山市）人，北宋尚书右丞（副宰相），文学家，“唐宋八大家”之一。

苏轼和苏辙从小关系就特别好，哥哥对弟弟关爱有加，有一次苏轼淘到一方砚台，非常喜欢，但只此一方，回到家里二话不说就给了弟弟。

苏辙从小就是哥哥的“跟屁虫”，非常钦佩哥哥的才华，他也聪明过人，有一天跟哥哥游巫山，山上老道听说神童苏轼上山，就想当面考考他。老道出了个上联：

无山得似巫山好。

苏轼不假思索，立即对出下联：

何叶能如荷叶圆？

老道拍手叫好！谁知苏辙在旁边却说：“兄长的下联对得不算

十分工稳，应该改一改。”

苏轼问：“怎么改？”苏辙从容念道：

何水能如河水清？

苏轼和老道一听，一致认为以“水”对“山”，要比以“叶”对“山”更好，齐声赞叹！从此苏辙也远近闻名了。

苏辙进士及第以后，初任秘书省校书郎（秘书省是管理国家文献的机构，校书郎负责校对工作，是升官的阶梯）等职。

神宗时，苏辙因反对王安石推行的新政，被新党打压，离开京城出任河南留守推官（负责审判案件，正七品）。

元丰八年（1085年），年幼的宋哲宗即位，高太后临朝听政，重用旧党，司马光重新为相，同为旧党的苏辙重回朝堂任右司谏（专门给朝政提建议）、御史中丞（负责督察百官）等职。元祐元年（1086年）任尚书右丞（副宰相）。

元祐六年（1091年），高太后去世，旧党失去靠山。绍圣元年（1094年），哲宗打压旧党，重用新党，起用李清臣为中书舍人（起草诏书，参与机密），苏辙上书谏阻，惹怒了哲宗，借机叫他离开朝廷到汝州（今河南省汝州市）任知州，此后又贬到筠州（今江西省高安市）、雷州（今广东省雷州市）、循州（今广东省惠州、河源、汕尾、梅州四市大部地区），最后从太中大夫（议论朝政的官员）职位上退休。

崇宁三年（1104年），苏辙定居颍川（今河南省禹州市），过起了隐居生活。此时苏轼已去世三年，旧党同僚多数驾鹤西去，似乎老天把苏辙遗忘了，故而自号“颍滨遗老”，住室取名“遗老斋”，终日读书著述、打坐参禅。

《宋史·苏辙传》载："辙与兄进退出处，无不相同，患难之中，友爱弥笃，无少怨尤，近古罕见。"苏轼不管走到哪里，心里总是想着弟弟，在他的诗词里有一百多首提到弟弟，著名的《水调歌头·明月几时有》就是中秋之夜因想念弟弟而作，后人竟把它当作爱情作品来读。苏辙对哥哥十分敬重，在文章里写到"抚我则兄，诲我则师"。"乌台诗案"发生后，李定等人奏请神宗处死哥哥，苏辙情愿纳还所有官位给哥哥赎罪。哥哥由惠州贬到儋州，苏辙亲自乘船送到海南。

综观苏辙一生，有四个方面不如哥哥：

一是诗词成就不如哥哥。哥哥的诗与黄庭坚并称"苏黄"，词与辛弃疾并称"苏辛"。苏门四学士之一秦观说："苏轼之诗如日月之光，别人学不了；而苏辙之诗元气内冲，学之可获补益。"苏轼的儋州学生姜唐佐，进京科考之前曾向恩师求诗，苏轼当时只写了前两句："沧海何曾断地脉，珠崖从此破天荒"，后两句待考中之后回来再写。可惜姜唐佐考中进士以后，恩师苏轼已经去世，就找到师叔续写，苏辙写道："锦衣不日人争看，始信东坡眼力长。"苏轼的前两句气吞寰宇，苏辙的后两句平实通俗，可见秦观的点评入木三分。

二是散文成就不如哥哥。在散文方面苏轼与欧阳修并称"欧苏"。苏轼曾对苏辙说："当今文人中，能与我一较高下的只有弟弟你了。"苏辙对别人说："哥哥被贬黄州回来后，写的文章如长江大河奔涌而来，我难以望其项背。哥哥被贬惠州、儋州之后，深入钻研三教经典，学问如浩瀚海洋，我彻底赶不上了。"

三是书画成就不如哥哥。在书法艺术领域，苏轼与黄庭坚、米芾、蔡襄并称“北宋四大家”，一直受到后人追捧。而苏辙在这方面照哥哥相差甚远。

四是社交成就不如哥哥。苏轼性格豪爽，好交朋友，不管走到哪里，都有无数粉丝。加之他才华盖世，名气极大，好多文人学者拜在他的门下，“苏门四学士”黄庭坚、张耒、晁补之、秦观，个个都是文坛高手，人脉非常了得。

然而，苏辙又有四个方面超过哥哥：

一是政坛成就超过哥哥。哥俩虽然同属旧党，苏轼最高任中书舍人；苏辙曾任尚书右丞（副宰相），官位比哥哥还高。仕途上苏轼起点虽高，但做事任性，容易得罪人，所以官场并不顺利，一生多在地方为官，晚年更是被贬得到处跑。而苏辙起点虽低，但做事沉稳，尽管最后也因党争被贬，但比哥哥稳定多了。

二是学术成就超过哥哥。苏轼在被贬期间撰写《易传》《书传》《论语传》共 27 卷；苏辙晚年撰写了《诗集解》《老子解》《春秋集解》共 94 卷，是哥哥的三倍多。为什么相差如此悬殊呢？苏轼晚年经常奔波在贬谪路上，又好找人喝酒，写作时间较少。而苏辙晚年生活安定，闭门谢客专心写作。

三是修养成就超过哥哥。苏辙牢记父亲起名时的含义，一生非常低调。而苏轼忘了父亲起名时的警示，一直高调做事。张耒评价苏辙说：“苏公虽事变纷纭至前，泰山崩于前，而举止安徐，若素有处置。”政敌蔡京也说苏辙“沉毅自重，令人钦佩”。而苏轼在这方面有所欠缺。

四是养生成就超过哥哥。苏轼 65 岁，苏辙 74 岁。为什么弟弟比哥哥长寿？原因有三：一是学习道教，苏辙晚年经常与道士交往，学习吐故纳新之术，激活经络调养身体。二是学习佛教，苏辙经常结识佛门中人，洞悉各种虚妄现象，养成返璞归真本性，达到宠辱不惊境界。三是学习老农，苏辙经常深入民间，接触老农，他得了腰腿疼毛病，老农告诉他每天生嚼三次栗子，就可去除病根儿。他照办了，恢复如初。于是写成《服栗》传给后人：

老去日添腰脚病，
山翁服栗旧传方。
经霜斧刃全金气，
插手丹田借火光。
入口锵鸣初未熟，
低头咀噍不容忙。
客来为说晨兴晚，
三咽徐收白玉浆。

翻译成白话文就是：

年老以后得了腰腿疼的毛病，
山翁说生嚼栗子是祖传良方。
栗子经过霜打后保全了秋气，
治疗五脏六腑需要丹田火光。
栗子刚入口时声音铿锵清脆，
低下头来慢慢咀嚼不用慌忙。
来客告诉要早中晚各吃一次，
徐徐咽下那洁白如玉的栗浆。

如果把此方与本章《药王金方有板栗》进行对照，就不难看出，老农所说的“祖传良方”与药王孙思邈的“千金要方”如出一辙，不知此方是孙思邈当年搜集于老农祖上，还是老农祖上看过孙思邈《千金要方》，谁前谁后，谁源谁流，请大家原谅，笔者实在难以查考了。

新鲜生栗　苏辙诗中有“老去日添腰脚病，山翁服栗旧传方”之句。（源于百度）

道祖填词咏板栗

王重阳（1113 — 1170），全真道开创者，咸阳（今陕西省咸阳市）人，原名中孚，字允卿；入道后改名喆，字知明，号重阳子，道教北派五祖之一。

道教分南派五祖和北派五祖，北派五祖分别是：东华帝君王玄甫，正阳帝君钟离权，纯阳帝君吕洞宾，纯佑帝君刘海蝎，辅极帝君王重阳。

王重阳 宋金时期全真道开创者，道教北派五祖之一。（源于百度）

宋政和二年十二月二十二日（1113 年 1 月 11 日），王重阳出生在咸阳大魏村一个富裕家庭，幼年爱读书，好骑射，文武皆精。

12 岁时，金兵灭北宋，王重阳的家乡由傀儡政权刘齐管辖。长大后，王重阳应试，考中进士。

24 岁时，金国废掉刘齐，王重阳的家乡被金国占领。25 岁时，金国举行武考，王重阳中武状元，遂改名德威，字世雄。尽管他文武皆精，但那时金人掌握政权，感到汉人“非我族类，其心必异”，不予重用，只让王重阳做了个征收酒税的小吏。王重阳感到窝囊，不安心本职工作，常常纵酒狂放。

王重阳是怎样修炼成道祖的呢？

46 岁那年六月，王重阳在终南甘河镇（今陕西省西安市鄠邑区甘河镇）遇到两位散发披毡、年龄相仿、相貌相近的人，王重阳大感惊异，就跟随他们到僻静地方虔诚施礼，二人乃是两位道祖，一位是正阳帝君钟离权，另一位是纯阳帝君吕洞宾，见此子可教，遂密授修道口诀。

47 岁那年中秋，王重阳在醴泉（今陕西省咸阳市礼泉县）又遇这两位道祖，这次给他留下五篇修道口诀，并要求王重阳背熟后烧毁。

48 岁时，王重阳离开妻儿，前往终南山南时村掘地为洞，名曰“活死人墓”，用纸牌写上“王害风灵位”立于墓中（“害风”是王重阳自称），开始了抛家弃俗的修道生涯。

51 岁时，王重阳走出活死人墓，迁到刘蒋村盖起草庵，与和玉蟾及李灵阳一起在草庵修道，创立了全真派。

54 岁那年四月，王重阳烧毁草庵，去山东传道。一路上先后收刘通微、丘处机、谭处端、马钰、王处一、郝大通、刘处玄为徒，即道教历史上有名的“全真七子”。

收“全真七子”为徒并非易事。就拿马钰来说，家中非常富有，号称“马半州”（意思是家中财富相当于半个州的财富）。见到王重阳以后，感到非平常人物，就请他住在家中，不时向他请教清修之法。王重阳的全真派与正一派大不相同，正一派照样喝酒吃肉，娶妻生子，和俗人没什么两样，只是画符捉鬼时才穿上行头装腔作势一番。而全真派要抛弃家产，切断爱欲，方可修道。马钰有妻有子有家产，一时还下不了这个决心。

此时四面八方很多人慕名前来拜王重阳为师，像栖霞的丘处机，父母去世，孤身一人，跟王重阳一番长谈就心悦诚服，拜他为师。但是，对马钰和妻子孙不二震动最大的不是丘处机，而是谭处端。

谭处端得了风疾，到处求医也治不好。王重阳让他抱住自己的脚，谭处端立刻感到犹如坐在火盆里，浑身大汗淋漓。第二天早晨起床后，王重阳又将自己的洗脸水叫谭处端接着洗，谭处端一洗，毛病全无。谭处端服了，觉得王重阳真是得道高人，遂拜他为师。

马钰看在眼里，惊异非常，但他怀疑谭处端可能是王重阳请来的托儿，因而想再试一下。他把王重阳住的房子四周用高墙围起来，五天才送一次饭。那时正值寒冬，气温零下十几度，假如王重阳是个骗子，就让他冻成半身不遂。但王重阳却在屋里吟诗写字，打坐练功，一点儿不惧。马钰和孙不二这才下定决心，散尽家财，皈依王重阳门下。

王重阳和“全真七子”个个文武全才，能诗善词，修养极高，使得一些朝廷官员和社会名流都对他们青睐有加，全真道由此大盛。

57 岁那年（1170 年）年初，王重阳带马钰、丘处机、谭处端、刘处玄四位弟子从山东回返关中，途经开封时，自知行将羽化，遂召集四位弟子吩咐后事，嘱罢飞升。四位弟子将王重阳遗蜕暂时安葬于孟宗献花圃，然后回到终南山与王重阳的好友弟子们会面，在刘蒋庵修建葬所。大定十二年（1172 年），马钰、谭处端、丘处机、刘处玄将王重阳遗蜕带回关中，安葬于刘蒋庵。

元太宗窝阔台为刘蒋庵赐名“重阳万寿宫”（简称“重阳宫”），全真道将重阳宫尊为祖庭。

重阳宫 王重阳葬于刘蒋庵，元太宗赐名“重阳万寿宫”，简称“重阳宫”。（源于百度）

至元六年（1269 年），元世祖忽必烈敕封王重阳为“重阳全真开化真君”。

至大三年（1310 年），元武宗海山进一步加封王重阳为“重阳全真开化辅极帝君”，从此正式成为道教北派五祖之一。

王重阳的修炼要旨是，去除世俗杂念，戒掉酒色财气。保持心中清净，简单自然生活。他认为：

“酒”——恶唇脏口，对人对己没有好处；

“色”——多祸消福，损耗身体败坏仁德；

“财”——作孽媒介，沦丧德性招惹灾祸；

“气”——伤神损胃，争强好胜不和于情。

王重阳的修炼主张是，儒教、道教、佛教三教同修，对儒教尊崇的《孝经》不仅熟读背诵，而且身体力行，这在他的《黄鹤洞中仙》一词当中体现得尤为明显：

你待坚心走，
我待坚心守。
栗子甘甜美芋头，
翁母同张口。

开取四时花，
绽取三春柳。
一性昭然全得他，
玉液琼浆酒。

翻译成白话文就是：

你要专心地跑步，
我要专心地守候。
栗子甘甜芋头味美，
最先奉献给父母。

采来四季的鲜花，
折取三春的嫩柳。
性格开朗多亏有它，
这玉露琼浆美酒。

从词中“栗子甘甜美芋头，翁母同张口”这两句可以看出，道祖王重阳对儒教中的“孝”字尤为尊崇！怎样做才算“孝”呢？他举例说明：儿女们一旦在外面得到了栗子或芋头，绝不能自己在外面单独享用，而要拿回家去奉献给父母最先品尝，这样做才算孝道。由此可见，道教是把栗子作为美食来看待的。

陆游上朝装板栗

陆游 南宋宝章阁待制，文学家、史学家、爱国诗人。

（源于百度）

陆游（1125—1210），字务观，号放翁，越州山阴（今浙江省绍兴市）人，尚书右丞（副宰相）陆佃之孙，曾任南宋宝章阁待制（皇帝身边的顾问），文学家、史学家、爱国诗人。

陆游生于北宋，长于南宋，自幼聪慧过人，12 岁就能吟诗作文。成人后进京参加科考，因受权臣压制而失利。宋孝宗即位后，受群臣推荐，孝宗单独召见陆游，陆游对答如流，恩赐进士出身，历任福州宁德县（今宁德市）主簿（县令的师爷）、敕令所删定官（文件把关人员）、隆兴府通判（知府的助手）等职，世称“陆通判”。宋光宗即位后，陆游升任礼部郎中（尚书一把手，侍郎二把手，郎中三把手）兼实录院检讨官（编写帝王实录的官员），不久因受主和派攻击而罢官还乡。宋宁宗即位后，诏陆游入京，主持编修孝宗、光宗《两朝实录》，官至宝章阁待制。书成后隐居山阴（今山西省朔州市山阴县），南宋嘉定二年十二月二十九（1210 年 1 月 26 日）逝世，享年 85 岁。

陆游平生有三爱：

一爱国家

宋宣和七年（1125 年）冬天，金兵南下。第三年攻破汴京（今开封），北宋灭亡。陆宰带着家眷逃回老家山阴。又过两年，金兵渡江南侵，宋高宗率领大臣南逃，陆宰改奔东阳（今浙江省东阳市），才得安稳。当时陆游年仅四岁，民族的矛盾、国家的不幸、家庭的流离，在他幼小的心灵里留下了不可磨灭的印记。

陆游长大后，在家庭爱国思想的熏陶下，非常热爱自己的国家。步入仕途以后，一直主张抗击金兵，收复失地，恢复中原。但在主和派的攻击下，宦海浮沉，终不得志，最后贬官，过起了村野生活。在此期间，他与辛弃疾成为好朋友，经常促膝长谈，讨论国事。81 岁时，得知辛弃疾奉诏入京，与韩侂胄一同率军抗金，收复失地，陆游欣喜若狂。83 岁时，听到北伐失败，南宋与金国订下《嘉定和议》，他昏倒在地。85 岁时病情转重，用最后一点力气写下绝笔《示儿》：

死去元知万事空，
但悲不见九州同。
王师北定中原日，
家祭勿忘告乃翁。

二爱唐琬

陆游年轻时，家里曾以一只精美的家传凤钗作为信物，与副宰相唐杰的重孙女唐琬定亲，可谓门当户对。宋绍兴十四年（1144

年），20 岁的陆游与唐琬结婚。不料唐琬的才华横溢以及与陆游的亲密感情，引起了陆母的不满，她认为女子无才便是德，怕唐琬耽误了儿子的前程，就命陆游休了唐琬。

陆游割舍不下，另置别院安置唐琬。其母察觉后，命陆游另娶一位温顺本分的王氏女子为妻。唐琬后来由家人做主，嫁给了皇家后裔赵士程。

绍兴二十三年（1153 年），陆游到南宋京城临安（今杭州）参加乡试，主考官陈子茂阅卷后取为第一，因秦桧的孙子秦埙位居陆游名后，秦桧大怒，欲降罪主考官。

绍兴二十四年（1154 年），陆游参加礼部会试，秦桧事先指示主考官不得录取陆游，致使陆游礼部会试失利。

绍兴二十五年（1155 年），心情沉重的陆游来到沈园消愁解闷，偶然遇见了前妻唐琬，两人都非常难过。唐琬征得丈夫同意，亲自敬陆游一杯酒。陆游待唐琬走后，伤感地在墙上题了一首《钗头凤》：

红酥手，黄縢酒，
满城春色宫墙柳。
东风恶，欢情薄。
一怀愁绪，几年离索。
错！错！错！

春如旧，人空瘦，
泪痕红浥鲛绡透。
桃花落，闲池阁。
山盟虽在，锦书难托。
莫！莫！莫！

沈园一角 陆游科考失利后来园中散心，恰遇前妻唐琬。（源于百度）

第二年，唐琬再次来到沈园，看见陆游上年写的词，不由得感慨万千，于是和了一首《钗头凤》：

世情薄，人情恶，
雨送黄昏花易落。
晓风干，泪痕残。
欲笺心事，独语斜阑。
难！难！难！

人成各，今非昨，
病魂常似秋千索。
角声寒，夜阑珊。
怕人寻问，咽泪装欢。
瞒！瞒！瞒！

《钗头凤》 陆游感慨万端，题《钗头凤》于壁，次年唐琬见后，和之。 （源于百度）

三 爱 炒 栗

陆游小时候非常喜欢吃糖炒栗子，后来还把北宋京城汴梁（今开封）炒栗名店写进《老学庵笔记》：“故都李和炒栗，名闻四方，他人百计效之，终不可及。”

陆游在《老学庵笔记》里还写道：绍兴十五年（1145 年），南宋派陈福和钱上阁两位官员出使金国。到了燕山一带，忽然遇到两个流落金国的北宋人，各拿十包炒栗送给他们，并且自我介绍是北宋汴梁李和的儿子。他们看到南宋使臣就像看到故国亲人一样，说完洒泪而别。

陆游把故都炒栗名店和名店后人献栗的事情统统写进《老学庵笔记》，一方面说明他对糖炒栗子情有独钟，另一方面也寄托了他对故国的眷恋之情。

为官以后，他对糖炒栗子的钟爱有增无减。每逢清晨上朝，都要在衣兜里装上一把糖炒栗子，在和宁门外一边等候上朝，一边慢慢享用糖炒栗子，并即兴赋诗一首：

齿根浮动叹吾衰，
山栗炮燔疗夜饥。
唤起少年京辇梦，
和宁门外早朝来。

翻译成白话文就是：

牙根松动说明已经逐渐变得衰老，
糖炒栗子既可治病又可转饥为饱。
想起少年时在京城爱吃炒栗习惯，
就在和宁门外边吃炒栗边等上朝。

从北宋苏辙和南宋陆游这两段趣闻逸事可以看出，两位历史名人都在用栗子进行食疗，苏辙吃栗子治疗腰腿疼，陆游吃栗子治疗牙齿松动，看来栗子的食疗作用，无论在北宋还是南宋，都受到了官僚阶层的高度认可。

成大贬枣夸板栗

范成大 南宋名臣，历任礼部员外郎、资政殿大学士等职。

（源于百度）

范成大（1126—1193），字至能，平江府吴县（今江苏省苏州市）人，南宋名臣，礼部员外郎（礼部中级官员）、资政殿大学士（常以侍从官充任），累赠少师、崇国公。

范成大幼年聪慧，12 岁读遍经史，14 岁创作诗文。16 岁时，由于少不更事，做了一件追悔一生的事情：

绍兴十二年（1142），在宋高宗赵构和宰相秦桧的主持下，南宋与金国签订了《绍兴和议》，双方划淮水而治，南宋屈膝称臣，割让唐（今河南省唐河县）、邓（今河南省邓州市）诸州，并向金国每年进贡白银 25 万两、丝绸 25 万匹。付出如此高昂的代价，保住了南宋半壁江山，可以接回宋徽宗赵佶的灵柩和宋高宗的生母韦太后。

《绍兴和议》签订之前，朝廷上下围绕战与和的问题争论不休。后来当局一意孤行，对内冤杀岳飞，自毁长城；对外卑事金人，签订和约。一时国内舆论汹汹，颇以和议为耻。为了弥合当局与民众之间的裂痕，维护政权稳定，宋高宗刻意打造“孝子”形象，以表明自己是为了迎回亡父和生母，才不惜屈己求和，试图以此来博取民众同情，挽回人心。

同年八月，韦太后被迎回京城临安（今浙江省杭州市）时，朝廷乘机大肆渲染，“满城士庶夹道耸观，皆以手加额，欢声洋溢”。韦太后安居慈宁殿后，不仅文武百官纷纷上表称贺，而且还有许多社会名流呈献赋颂雅歌。身在京城的范成大也未能免俗，挤进了迎合的人群，献赋朝廷，歌颂和议。对于这件事情，范成大成年以后追悔莫及，一生都不愿提起。

绍兴二十四年（1154 年），范成大 28 岁进士及第，从此步入仕途，数次出任地方官。先后任处州（今浙江省丽水市）知州、静江（广西壮族自治区桂林市）知府、四川制置使、建康（今江苏省南京市）知府，他针对各地的不同情况，有针对性地进行治理，或修水利，或架桥梁，或理盐政，或免赋税，在职责范围内，兴利除弊，不遗余力。范成大的这些为政举措，对减轻地方负担、改善人民生活、促进农业发展、安定社会秩序，起到了一定的推动作用。特别是任建康知府时，恰遇严重旱灾，饥民遍野，他上奏朝廷调用军队储备粮 20 万石救济灾民，并请求减免灾民当年租米 5 万石，使当地百姓度过灾荒。因赈灾得力，维稳有功，朝廷对他进行了奖赏。

范成大不仅治理地方政绩卓著，外交能力也不同凡响。乾道六年（1170年），有血性的宋孝宗决定北伐，收复失地。但由于指挥失当，将帅不和，北伐失败，不得不与金国签订《隆兴和议》。由于和议签订仓促，其中递交国书的礼仪延续的是屈辱的《绍兴和议》礼仪，即宋朝皇帝接受金国的国书时，须“降榻受书，以授内侍”，意思是宋朝接受金国的国书时，皇帝要从宝座上走下来亲手接过去，然后交给内侍。这个受书礼仪显然是对宋朝的羞辱。宋孝宗想派人出使金国谈判，修改这一条款。朝堂议论时，谁都知道单方改变已经实行多年的受书礼仪，无异于与虎谋皮，出使之人肯定会有生命危险。主和派有的以罢官相阻，有的拒不出使。丞相虞允文向皇帝推荐李焘和范成大二人作为使者人选。李焘是《续资治通鉴长编》的编撰者，才高胆小，跑去跟虞允文说：“今往，金必不从，不从必以死争之，是丞相杀焘也。”李焘不敢去，使者人选只剩下范成大一个人，范成大豪气干云，慨然应允。孝宗升范成大为起居郎、资政殿大学士，出使金国。范成大请求在国书中加入受书礼仪一事，孝宗不同意。

无奈，范成大到达燕山后，秘密写好接受国书礼仪的奏章，藏在怀中。抵达金国中都（今北京）后，朝见金国皇帝金世宗（完颜雍）时，范成大呈上国书，慷慨激昂，侃侃而谈。在金朝君臣叹服其口才之际，他忽然跪下说：“既然两国已经结为友好关系，但受书礼仪还没确定下来，我这里就此写了本章。”说罢从怀中掏出奏章双手呈递。金世宗大出所料，说：“执行多年的和议怎能说改就改？”金国群臣拿手板打他叫他起来，拒接奏章。范成大岿然不动，非要金国接受奏章不可。金国太子完颜允恭见范成大如此执拗，恼羞成怒，想要当场杀了他。越王说范成大素有才名，金国文人都崇拜他，杀了他恐怕会引起天下学子寒心。太子这才住手。

范成大回到下榻的会同馆后，金国小吏悄悄告诉他，有大臣主张把你扣留，范成大遂作七绝《会同馆》以明志：

万里孤臣致命秋，

此身何止一沤浮。

提携汉节同生死，

休问羝羊解乳不！

意思是，我要像汉朝苏武那样与汉节同生共死，管它公羊下奶不下奶呢（汉朝苏武出使匈奴被扣，说公羊下奶才叫他回汉朝）！

后来，金世宗虽然拒绝南宋所请，但也不想把两国关系彻底搞僵，就同意归还宋钦宗梓宫（皇帝的棺材），并且允许南宋奉迁河南皇陵。

范成大此行，虽然没有达到修改受书礼仪的目的，但在金国朝堂上不辱使命，让金国君臣刮目相看，保全了民族气节。《宋史》给予范成大极高评价："成大致书北庭，几于见杀，卒不辱命，具有古大臣风烈。"

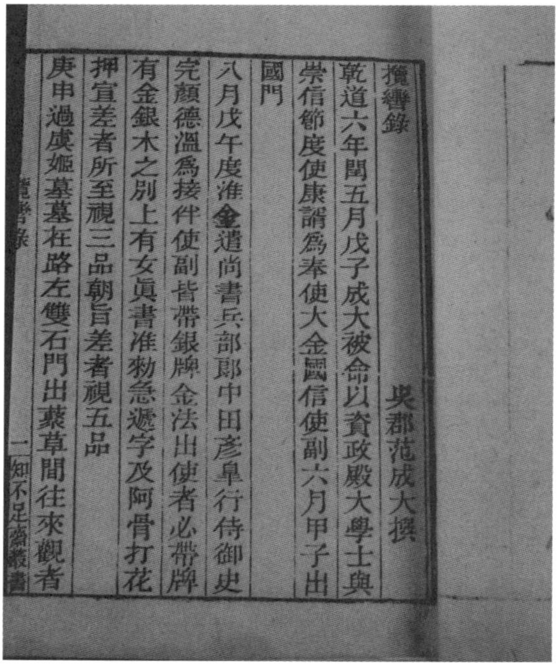
攬轡錄　吳郡范成大撰
乾道六年閏五月戊子成大被命以資政殿大學士與
崇信節度使康諝爲奉使大金國信使副六月甲子出
國門
八月戊午度淮金遣尚書兵部郎中田彥皐行侍御史
完顏德溫爲接伴使副皆帶銀牌金法出使者必帶牌
有金銀木之別上有女眞書准勑急遞字及阿骨打花
押宜差者所至視三品朝旨差者視五品
庚申過虞姬墓墓在路左雙石門出蓁草間往來觀者
攬轡錄　一　知不足齋叢書

出使日记　范成大曾冒死出使金国，《宋史》评其"具古大臣风烈"。

（源于百度）

在文学方面，范成大尤工于诗，与杨万里、陆游、尤袤合称南宋“中兴四大诗人”。范成大学习唐人诗作，平易浅显，清新妩媚，自成一家。因范成大长年在各州当地方官，熟知四方风土人情，因此，诗中反映的生活面比较广阔，以反映农村生活的作品成就最高，尤其是他的《四时田园杂兴》60 首，成为他这个时期的代表作。

范成大退休以后，在石湖度过了十年闲适而优裕的晚年生活，号“石湖居士”，后世称为“范石湖”。石湖是太湖的一处内湖，越来溪穿湖而过，南通太湖，北接胥江，是越王勾践伐吴时掘溪进兵、凿石开渠以通姑苏留下的，因湖底尽是石头，故称“石湖”。范成大爱上了石湖的山水洞石，爱上了石湖的花草树木，爱上了石湖的瓜果梨桃，然而令他更爱的却是北方的燕山板栗，他在七绝《良乡》里中肯地评价说：

新寒冻指似排签，
村酒虽酸未可嫌。
紫烂山梨红皱枣，
总输易栗十分甜。

翻译成白话文就是：

天气刚冷手指冻得像竹签，
村里米酒虽酸却不能弃嫌。
紫烂山梨皱皱巴巴的红枣，
都不如燕山板栗更加甘甜。

大家不禁要问，范成大生于南方，长于南方，为官于南方，怎么对北方的燕山板栗印象如此深刻呢？笔者推测，应该与他当年出使金国经过良乡有关，良乡是燕山板栗的集散地，在这里尝尝北方特产是很自然的事情，所以给他留下了燕山板栗“十分甜”的深刻印象。

石湖一角 范成大晚年退居石湖专心写作，其诗清新妩媚。（源于百度）

阆风初尝新板栗

舒岳祥（1219—1298），字景薛，人称阆风先生，居于浙江宁海。南宋奉化尉，诗人。

舒岳祥 人称“阆风先生”，南宋奉化尉，诗人。

（源于百度）

舒岳祥年幼时就聪明过人，7 岁会写古文，出语惊人。26 岁时，拿着自己的文章去拜见台州文坛领袖吴子良。吴子良是宋理宗宝庆二年（1226 年）进士，官至湖南转运使、太府少卿，对当地文人尤尽扶持之力。吴子良看过舒岳祥的文章后，夸他异禀灵识，赶上了汉代议论酣畅、少有才名的政论家贾谊，也赶上了能言善辩、文笔优美的少年外交家终军。

宋理宗宝祐四年（1256 年），舒岳祥考中进士，当上了奉化尉。右丞相叶梦鼎曾推荐他入朝担任起草文书的官员，此时恰值母亲去世，舒岳祥回家守孝三年。守孝期满，恰值友人陈蒙总管金陵军饷，聘请他当幕僚，一起商议军政大事，闲时谈文论诗，讲经说道，游山玩水，不叫他做那些伏案行文、寻章摘句的工作。可惜好景不长，后来陈蒙因为批评权臣贾似道而被贬官。

陈蒙博学多才，18岁时便上万言书议论国事，因而被授为太府寺主簿（主管收藏朝廷财宝的官员），后来又总管金陵军饷。抄家时，家中竟然仅有青毡一块，别无他物。在当时，太府寺主簿和金陵军饷总管皆是肥差，而陈蒙竟一贫如洗，其清廉不言而喻。陈蒙在职时，曾有一位文士手执一把纸扇前来拜访，扇面上写着“出韵不驻思”，意思是不管你出什么韵，他都能立刻作出诗来。陈蒙出极难的“酸”韵，请赋梅花诗。文士应声吟道：

影摇溪脚月犹冷，
香满枝头雪未干。
只为传家太清白，
致令子孙亦辛酸。

前两句意思是：梅花带雪冲寒，在清冷的月光下，影摇溪底，香飘枝头。后两句意思是：陈蒙传家像梅花一样清白，致使子孙生活特别辛酸。由此看出，陈蒙为官清廉，众人有口皆碑。

陈蒙被贬官以后，舒岳祥也随之离去。军中将领争相挽留，舒岳祥说：“领导和欣赏我的人离开了，我怎能为了利益单独留在这里？”予以婉拒，可见舒岳祥义重如山。

宋度宗咸淳九年（1273年），友人风景尹、曾渊子推荐他担任户部酒务，这是晋升朝廷官员的阶梯之职。正在当权的贾似道也听说了舒岳祥的才华，但他认为舒岳祥秉性耿直，对人不肯说软媚之话，所以不打算马上用他，准备采取盘折抑挫之法，来驯服舒岳祥，俯首帖耳之后再为己所用。舒岳祥知道以后，不屑巴结权贵，毅然离京回乡。舒岳祥追随清官陈蒙，远离贪官贾似道，充分说明物以类聚，人以群分。

南宋灭亡以后，舒岳祥隐居家乡执教，在赤城书堂当堂长。晚年专心诗文创作，虽战乱频仍，颠沛流离，仍笔耕不辍。人们普遍认为他的诗文创作与王应麟齐名。

王应麟是宋理宗淳祐元年（1241 年）进士，曾任礼部尚书兼给事中等职，他能读其文而知其人，鉴赏能力超人一等。宝祐四年（1256 年），宋理宗亲临集英殿选取进士，命王应麟当复考官，拟将知举官评定的第七卷改为第一卷。王应麟读后奏道："是卷古谊若龟镜，忠肝如铁石，臣敢为得士贺！"于是，宋理宗把第七卷作为首选。等到唱名赐第时，才知道此卷是文天祥的，后来文天祥果然成为千古名臣，足见王应麟眼力过人。王应麟正直敢言，因屡次冒犯权臣丁大全、贾似道而遭罢黜，回到家乡二十年间闭门谢客，著书立说，与胡三省、黄震并称"宋元之际浙东学派三大家"。社会上公认舒岳祥与王应麟齐名，说明舒岳祥也像王应麟一样造诣深厚、修为超群。

舒岳祥一生著作颇丰，其中《阆风集》被收入清代乾隆《钦定四库全书》；诗词创作近千首，其中《初食栗》写得最为生动：

新凉喜见栗，
物色近重阳。
兔子成毫紫，
鹅儿脱壳黄。
寒宵蒸食暖，
饥晓嚼来香。
风味山家好，
蹲鸱得共尝。

翻译成白话文就是：

天气转凉见到刚熟新栗，
这时已经接近重阳佳节。
油亮栗壳犹如紫色兔毫，
娇黄栗仁酷似脱壳小鹅。
寒冷夜晚蒸栗增加温暖，
饥饿时候嚼栗格外香甜。
农家土产风味无比美好，
我有幸把栗芋一起品尝。

阆风先生这首五言律诗，以生花妙笔，把刚下树的新鲜板栗由表到里、由生到熟、由色到味，生动形象地描写一番，使本来静止的东西顿时活了起来，栗壳变成了紫色小兔，栗仁变成了黄色小鹅，比喻生动形象，色彩对比强烈，读后仿佛身临其境，清香扑鼻！

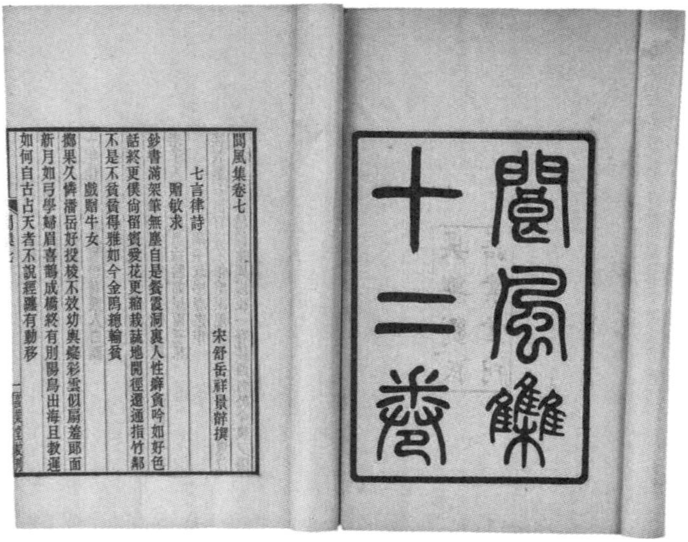
閬風集卷七
宋舒岳祥景薛撰
七言律詩
贈敏求
鈔書滿架筆無塵自是餐霞洞裏人性僻貪吟如好色
話終更僕尙留賓愛花更縮栽蔬地閒徑還通指竹鄰
不是不貧貧得雅如今金鴨總輸貧
戲贈牛女
擲果久憐潘岳好投梭不效幼輿癡彩雲似扇羞郎面
新月如弓學婦眉喜鵲成橋終有別陽烏出海且教遲
如何自古占天者不說經躔有動移

閬風集 十二卷

《阆风集》 舒岳祥著，收入乾隆《钦定四库全书》之中。
（源于百度）

方回全家靠板栗

方回（1227—1305），字万里，号虚谷，徽州歙县（今属安徽省）人。曾任南宋严州（今属浙江省）知府、元朝建州路总管，著名诗人、诗论家。

方回于南宋景定三年（1262年）进士及第，诗文虽好，却无节操，周密《癸辛杂识》中记载了方回的几件丑事：

方回 字万里，别号虚谷，元朝著名诗人、诗论家。

（源于百度）

见风使舵

方回进士及第时，正好赶上权臣贾似道当政，为了巴结权臣，方回献上了《梅花百咏》为贾似道歌功颂德。贾似道非常高兴，奏请皇帝赏给方回一个大官。

然而天有不测风云，方回还没来得及上任，贾似道的贪腐行为就被揭发，朝廷罢免了贾似道的官职。方回意识到自己肯定要受到株连，为了自保，他眉头一皱，计上心来，立即见风使舵，给朝廷上了一道“贾似道十可斩”的奏书，乘人之危落井下石，表现出了十足的小人行径。

正直的士大夫讽刺方回写道："百诗已被梅花笑，十斩空余谏草存。"意思是方回献给贾似道的百首梅花诗遭到了圣洁梅花的耻笑，贾似道荐举方回的表章换回来的是自己应该十斩的奏折。

滚珠屁股

后来，朝廷任方回为严州（今属浙江省）知府。当元军快要打过来的时候，方回为了向朝廷表示忠心，发出要为国尽忠、誓死保卫南宋江山的誓言。

严州府城门。（源于百度）

等到元军真的打过来了，方回却销声匿迹，无影无踪。大家都以为他战死沙场为国捐躯了。后来才发现，他已经献城投降了元军，头上戴着元军的帽子，身上穿着元军的服装，在众人面前得意扬扬。

元军为了诱降南宋其他官员，给了方回一个要职，叫他担任建州路总管。方回借机大肆搜刮民财，尤其是搜刮富户的金银珠宝，多达几十万两，并未上交，全部变成了他的私有财产。但是纸包不住火，不久便被罢官，遂徜徉于杭州、歙县一带，以卖文为生。

老而好色

方回68岁时更加好色，家里养有两个婢女。有一次方回去南京旅游，把两个婢女留在了母亲家里，这期间有一个婢女被有钱人拐走了。方回回来后非常惋惜，当即写了两首诗，抒发惋惜之情，发泄心中愤懑，并刻印出来满大街张贴，惹得大家都笑话他。

后来，他又买了一个婢女叫半袖，每次去亲友家吃饭，都把好吃的用荷叶包着藏在袖子里带给她吃。有次路上遇到一个朋友，两个人正作揖施礼，一不小心打包的菜肴掉了出来，原来是半片鸭子，看见的路人无不大笑。

方回70岁时仍宝刀不老，有一次正和半袖行鱼水之欢，由于动作幅度太大，竟把隔壁的墙泥震落下来，恰好埋在了卧床休养的病人身上，病人家属把方回告到了官府，还是朋友出面帮他摆平了这件事情。

翻云覆雨

牟献之和方回二人七十大寿时，儿子请朋友们给父亲作祝寿诗。

仇仁近给牟献之作的诗是：

姓名不入六臣传，容貌堪传九老碑。

“六臣”指唐末的六个奸臣：张文蔚、杨涉、薛贻矩、苏循、张策、赵光逢。“九老”指唐代九位70岁以上的贤臣：胡杲、吉玫、刘贞、郑据、卢贞、张浑、白居易、李元爽、禅僧如满，他们曾经结成“九老会”。这两句诗赞扬牟献之不入六个奸臣之列，而与九位贤臣比肩，对其褒奖有加。

仇仁近给方回作的诗是：

老尚留樊素，贫休比范丹。

樊素是唐代名臣白居易的小妾，颇受宠爱，白居易曾用“樱桃樊素口”赞美她。白居易老年得了半身不遂疾病，为了不误樊素青春，毅然放归。而方回老年对婢女不仅不放，反而新买。仇仁近用“老尚留樊素”之句，讽刺他老而好色。

范丹是汉朝廉吏典范，遭党锢之祸（被宦官集团陷害）后，结草屋而居，有时绝粮断炊。后来汉灵帝解除党锢，太尉、司徒、司空三府交相举荐范丹，他都坚辞不就，去世后，灵帝诏谥为“贞节先生”，刺史、郡守分别为范丹立碑。方回晚年贫穷而失节操，曾向元军妓女下跪乞食，尽管如此卑劣，还写“今生穷似范丹”诗句以自夸。仇仁近反其意而引之，用“贫休比范丹”，说方回你虽然很贫穷，但无法跟廉吏范丹相比，你照他的品格操守差得太远了。

方回明白仇仁近在用这两句诗骂自己，于是抓住其中“六臣”二字，冤枉仇仁近把当今皇上比作乱臣贼子朱温，这可是谋反大罪。仇仁近求朋友侯正卿帮忙劝解，侯正卿对方回说：“仇仁近只是说六臣，并没有把皇帝比作朱温，那是你这么认为的，如果告官，你也会受到牵连。”方回这才害怕了。因为一个小小玩笑，就要置人于死地，可见方回用心歹毒，人品低劣。

方回罢官以后，致力于诗，选唐、宋近体诗加以评论，组成文集，取名《瀛奎律髓》，共49卷。此时家人多病，靠吃板栗逐渐转轻，于是方回写了一首《秋到》诗：

秋到山居僻，
贫无异味尝。
擘黄新栗嫩，
炊白早籼香。
渐减家人病，
徐添夜气凉。

凭谁理荒秽，
篱落菊苗长。

翻译成白话文就是：

秋天已经来到偏僻的小山村，
因为贫穷没有异味可以品尝。
掰开紫壳露出黄澄澄的栗仁，
白色炊烟升起飘来籼米清香。
由于吃栗已经减轻家人病痛，
夜里气温开始慢慢变得凉爽。
任谁东方刚亮就到田里除草，
篱笆里面秋菊已经长得老长。

从方回一家靠吃板栗减轻病痛可以看出，板栗既可做主食，又可当药物；既可解饥饿，又可疗疾病，是古代贫困人家养家糊口、勉强度日的最佳选择。所以，“铁杆庄稼”和“干果之王”这两顶桂冠，对于板栗来说好似量身定做。

栗蓬如翠 方回《秋到》诗中有“擘黄新栗嫩”之句。（源于百度）

张雨为友寄板栗

张雨　元代著名道人，擅长诗文书画，与画家倪瓒是好友。

（源于百度）

张雨（1283—1350），字伯雨，钱塘（今浙江省杭州市）人，宋朝崇国公张九成的后裔，元代著名道人，擅长诗文书画。

张雨年少时为人潇洒，不拘小节，英姿勃发，有隐逸之志。20岁他便离开家乡，遍游天台（山名，位于浙江省天台县城北）、括苍（山名，位于浙江省台州市）等名山，后来去茅山（山名，位于江苏省句容市东南）修道，拜茅山宗师许道杞的弟子周大静为师，潜心学习，豁然有悟。后来又去杭州开元宫修道，拜玄教道士王寿衍为师，师父为他取名嗣真，道号贞居子。

元代皇庆二年（1313年），随师父王寿衍进京，住在崇真万寿宫。由于张雨平素诗名远播，京城里的社会名流和文人学者，都争先恐后与他交往，因而他虽然隐迹在道士之中，却名列文人学者之内，被当世名流评价为“诗文字画道品，皆为本朝第一”。元朝仁宗皇帝听说了他的鼎鼎大名以后，想请他入朝为官，张雨坚辞不仕，每天以著经写诗为业，以交友访贤为乐，他与当时的著名画家倪瓒是知心好友。

倪瓒（1301—1374），字元镇，号云林子，江苏无锡人，元末著名画家、诗人。家庭富裕，博古好学，四方名士经常去拜访他。倪瓒特别崇拜张雨，张雨刚到无锡，他就派两个童子前去邀请，中途又派两个童子迎接，到了家门口又有两个童子恭候，可就是不见倪瓒的身影。张雨莫名其妙，只得询问童子。童子说为了干干净净接待您，先生正在洗澡。原来倪瓒素有洁癖，洁癖到什么程度，从四件小事可见一斑：

倪瓒画像　*倪瓒是元末著名画家、诗人，张雨为其画像题字。*
（源于百度）

第一件，仆人进山担泉水回来，倪瓒用前桶煎茶，后桶洗脚。有人问他为什么这样做？他说后面那桶水被童子放的屁污染了，所以用来洗脚；前面那桶水没污染，所以用来煎茶。其不知泉眼距倪家有五里之遥，哪有中途不换肩之理？既然不断换肩，放屁时到底哪个水桶在后、哪个水桶在前，谁能说得清？

第二件，有一天他的好友来访，夜宿家中。因为怕朋友不干净，一夜之间竟起来视察三四次。忽听朋友咳嗽一声，于是担心得一宿没睡着。到了天亮，就叫仆人寻找朋友的痰迹。仆人找遍房间每个角落，也没找到，又怕挨骂，只好找了一片略脏的树叶送到他面前，说就在这里。他斜睨了一眼，便恶心地闭上眼睛，捂住鼻子，叫仆人送到三里以外扔掉。

第三件，因为他太爱干净，故而很少接近女色。但有一次例外，他看中了一位姓赵的歌姬，于是带回别墅留宿。但又怕她身上不干净，就叫她先好好洗个澡。洗完以后上床，他用手从头摸到脚，边摸边闻，始终觉得哪里没洗干净，要她重新再洗，洗完以后再摸再闻，还是不放心，又叫她洗。洗来洗去，天已大亮，只好作罢。

第四件，倪瓒有个清秘阁，从来不让别人进去。还有一匹白马，喜爱得像心尖儿似的。有一次他母亲病了，去求葛仙翁来家看病，葛仙翁要求用白马来接。那天正在下雨，倪瓒是个孝子，只好同意。白马在雨中弄得一塌糊涂，倪瓒见了很不高兴，但也只好忍着。葛仙翁到了倪家，要求上清秘阁看一看。倪瓒无奈，只好同意，葛仙翁在清秘阁乱翻一气，而且到处吐痰，从此倪瓒再也不进清秘阁。

尽管倪瓒的洁癖前无古人、后无来者，但对张雨却非常礼遇，在倪瓒眼里，张雨是知音高士，虽然他作画赶不上自己，但是画的奇石却像米芾笔法，所以倪瓒对张雨评价很高，社会上流传的“诗文字画道品，皆为本朝第一”，就出自倪瓒之口。张雨每次来访，倪瓒都盛情款待，每个细节都亲自安排。张雨也非常欣赏倪瓒，两人的知心程度就像俞伯牙遇到了钟子期，这与他俩的生活环境、志向理想、思想言行、情趣爱好非常相似有直接关系。还有一个原因，张雨的偶像是米芾，米芾有洁癖，倪瓒也有洁癖，因此，张雨欣赏倪瓒也在情理之中，只要见到倪瓒的画作，张雨都要题诗品评。平日里二人还经常诗词唱和，互赠礼品。一年秋末，张雨特意登上虞山，从寺里求来新鲜栗子寄给倪瓒，并附一首七律《以顶山栗寄倪元镇》：

近从常熟尝新栗，
黄玉穰分紫壳开。
果园坊中无买处，
顶山寺里为求来。
囊成稍比来禽帖，
酒熟深倾蘸甲杯。
为奉云林三百颗，
也胜酸橘寄书回。

翻译成白话文就是：

近日在常熟这个地方尝到了新鲜栗子，
从紫色硬壳里剥离出的栗仁娇黄如玉。
这样的好栗在果园和店铺里很难买到，
是我专门登上山顶从寺院里索求来的。
栗子和诗篇包在一起似王羲之来禽帖，
热酒斟满沾到指甲就着栗子开怀畅饮。
为了让云林尝个新鲜虽然仅寄三百颗，
也比给你寄回酸橘和书信要好得很多。

从著名道士张雨寄新栗给著名画家倪瓒这个小故事可以看出，栗子虽属土特产品，却能登上大雅之堂。

下树新栗　张雨写给倪瓒的诗中有“近从常熟尝新栗，黄玉穰分紫壳开”之句。（源于百度）

吴宽煮粥加板栗

吴宽 明代名臣，礼部尚书，诗人、散文家、书法家。

（源于百度）

吴宽（1435—1504），字原博，号匏庵，世称匏庵先生。直隶长州（今江苏省苏州市）人，明代礼部尚书、詹事府詹事，诗人、散文家、书法家。

吴宽自幼好学，无书不读，尤喜《左传》、《汉书》、唐宋八大家散文，最喜苏轼作品。写得一手好文章、好书法，从小就有“神童”之称，小小年纪就考中了秀才。

不过“神童”的命运并不一帆风顺，屡试不第，30多岁还没考上举人，心想可能这辈子与功名无缘了，就放弃了科考念头，专心做起了学问。

有一天，提学使（主管全省教育的行政长官）陈选在名臣李东阳家（后来官至礼部尚书兼文渊阁大学士），看到了一篇文章《听鸟轩记》，写得非常好。陈选心想，这么好的文章肯定是名人写的，就问李东阳。李东阳说：“这是秀才吴宽写的，现在还算不上名人，将来肯定是状元材料！”

陈选非常爱才，急忙派人把吴宽找来，问：“你这么好的文笔，怎么不去考取功名啊？”吴宽便把屡试不第的情况说了一遍，最后叹了口气说：“看来功名与我无缘，以后就安心做学问了。”

陈选急忙鼓励说：“像你这样的才华，不参加科考太可惜了，不要气馁，继续努力！”短短几句话使吴宽增加了自信，以后科考果然顺风顺水。

成化四年（1468 年），吴宽考中了举人。

成化八年（1472 年），吴宽在会试获得第一名，中了会元。在殿试也获第一名，中了状元，果然被李东阳言中。授翰林院修撰（“翰林院”是皇帝的秘书机构；“修撰”是官名，从六品，主要职责是修国史、实录，记载皇帝言行，以及起草有关大典的文章），留在东宫做太子朱祐樘的老师。

在明朝历代状元当中，吴宽堪称楷模，不仅才华出众，人品也是一流。吴宽中举那年的解元叫贺恩，后来进京参加会试时得了重病，吴宽与他虽然无亲无故，但仍然把他接到家里，请医买药，悉心照料。贺恩去世后，吴宽还为他守孝一个月。

成化二十三年（1487）宪宗驾崩，太子朱祐樘即位，是为孝宗，吴宽以东宫旧臣身份，升为左庶子（官职名称，即太子侍从）、詹事府少詹事（詹事府是明朝中央机构之一，主要从事皇帝或皇子的内务服务工作，其中设詹事、少詹事等官职，吴宽当时是少詹事，属于正四品，总管东宫内外事务）兼侍读学士，参与撰写《宪宗实录》。

弘治八年（1495 年），吴宽升任吏部右侍郎（吏部相当于今天的组织部，吏部侍郎为吏部副领导，分为左侍郎和右侍郎，左侍郎为二把手，右侍郎为三把手，正三品）。不久继母去世，吴宽回家守孝。

在吴宽守孝期间，内阁成员丘濬辞世。原本吴宽有望进入内阁，从各方面条件来看，后科状元谢迁都排在吴宽之后。但吴宽此时必须守制，暂时不能在朝廷任职，于是入阁的机会朝廷就给了谢迁。而谢迁却常常因为自己先于吴宽一步，内心深感不安，曾多次向内阁首辅刘健力推吴宽入阁，但都遭到刘健的反对。一次，谢迁又说："吴公的科第、年岁、声望都超过我，我实在是自愧不如，哪是寄情于吴公呢？"到谢迁引退时，又举荐吴宽接替自己，仍然未被采纳。

吴宽失去这次入阁机会之后，一直处于无法进入高层的境地，朝廷内外大臣都替吴宽惋惜。但吴宽本人却处之泰然，他说："我一开始就没有入阁的想法。"吴宽说的确实是心里话，并非吃不着葡萄就说葡萄酸。对于权势荣利，他向来退避三舍，虽在朝堂，却像隐士，从不为自己的飞黄腾达而四处钻营。在翰林院时，他在居所东面修园建亭，栽花植树，下朝以后，手执书卷读于亭中。每逢良辰佳节，还邀请朋友来园中品茗联句，以文会友，好像自己隐居山林、没在官场一样。

吴宽守孝期满回朝，孝宗叫他出任詹事府詹事，入直东阁，负责起草重要文件，并当皇太子朱厚照的老师。宦官大多数不愿意让太子接近儒臣，原因是太子治国能力一旦提高，将来即位后宦官将无法干预朝政。因此，多次找借口间断吴宽给太子讲读。吴宽考虑到太子的健康成长，考虑到大明天下的长治久安，就率领同僚及部属给皇帝上疏："东宫（指太子）讲学，寒暑及风雨天就停讲，每月初一、十五和节日也停讲，讲学一年不过数月，一月不过数日，一日不过数刻。是进讲的时间少，停讲的日子多，怎能容许又借其他事情妨碍讲学。古人八岁就随师学习，在外食宿，是想让他远离不好的环境，经常接触君子。平民百姓尚知如此，何况是天下之本的太子呢？”对于吴宽的直言相谏，孝宗皇帝非常赞许，遂采纳了他的意见。

弘治十六年（1503 年），吴宽被皇帝提拔为礼部尚书，正二品，仍任翰林学士、掌管詹事府的事情。他德才兼优，是当时文臣当中声望最高的一位。

吴宽 70 岁时，体弱多病，多次向皇帝请辞，都因皇帝舍不得放他走，被安慰挽留。吴宽为使身体硬朗起来，以报浩荡皇恩，开始查阅医疗典籍，见唐代医药学家孙思邈的《千金要方》里写道："栗，肾之果也，肾病宜食之"，"食能排邪而安脏腑，悦神爽志以资血气。若能用食平疴、释情遣疾者，可谓良工。"

翻译成白话文就是：栗子，是补肾的干果，得了肾病应该吃它。食疗治病有利脏腑安康，精神愉悦有利血气充盈。如果能用食疗治好顽疾，调节情绪远离病痛，这样的医生才能算得上医疗高手。

于是，吴宽按照孙思邈《千金要方》所写，坚持食疗进补，经常用栗子和小米一起煮粥吃，吃了一段时间，病情果然好转，腰腿不疼了，牙齿牢固了，兴奋之余，欣然命笔，写下了这首七绝《煮栗粥》：

腰痛人言食栗强，
齿牙谁信栗尤妨。
慢熬细切和新米，
即是前人栗粥方。

翻译成白话文就是：

腰疼人说吃栗能够强壮，

固牙健齿也能从中借光。

栗子切细加上新米慢熬，

就是前人栗粥治病良方。

读者不禁要问：同样利用栗子食疗进补，宋代苏辙是生嚼，明代吴宽是煮粥，为什么两人吃法截然不同呢？从治疗效果讲，生嚼栗子肯定好于熟吃栗子，但两个人的身体状况不同，苏辙身体强壮牙口好，生嚼栗子毫无问题；吴宽身体衰弱牙口差，熬成栗粥才易消化。只有因人而异，区别施治，才能收到良好的食疗效果。

栗粥 吴宽喜吃栗粥，诗中有“慢熬细切和新米，即是前人栗粥方”之句。（源于百度）

唐寅诗中提板栗

唐寅（1470 — 1524），字伯虎，又字子畏，号六如居士，苏州府吴县（今江苏省苏州市）人。明代著名书法家、画家、诗人。

唐寅　字“伯虎”，明代著名书法家、画家、诗人。　　（源于百度）

唐广德在苏州经营一家小酒馆，安稳度日。成化六年（1470年）喜得一子，因这年是庚寅年，遂取名“唐寅”，又因是第一个儿子，属虎，故字“伯虎”。

父亲希望儿子读书求取功名，唐寅不负众望，从小就崭露头角，才气逼人。成化二十一年（1485年），他 16 岁，参加苏州府试，以第一名的成绩考中秀才，闻名苏州城。

弘治七年（1494 年），唐寅父亲去世，接着母亲、妻子、儿子、妹子也相继去世，两年内失去五位亲人，顶梁柱没了，家境逐渐衰落，唐寅常常借酒消愁。在比他大九岁的好友祝允明（字“枝山”）的劝慰下，才逐渐从悲痛中摆脱出来，潜心读书。

弘治十年（1497年），唐寅参加录科考试期间，曾与好友张灵宿妓喝酒。提学御史方志十分厌恶这种行为，在录科考试中唐寅因放浪形骸而名落孙山，失去了参加乡试的资格。苏州知府曹凤爱惜人才，加上文林（文徵明的父亲）、沈周、吴宽等名士都为唐寅说情，方志才同意以“补遗”方式让他参加乡试。

弘治十一年（1498年），唐寅参加应天府（今江苏省南京市）乡试，太子洗马梁储担任主考官，唐寅受其赏识，获得第一名，中了解元，迅速名扬江南，而好友祝允明和文徵明都黯然落榜。唐寅加上少年时参加苏州府试也是第一，此时已连中两元，从低谷走上高峰，难免兴奋，唐寅为此刻下“南京解元”的高调印章。

唐寅踌躇满志，料定自己在会试和殿试当中肯定会夺得状元，于是把目标锁定“连中三元”，常在众人面前豪言：“会试第一，非我莫属！”好友纷纷规劝他，祝允明对唐寅说：“千里马并不把骨像暴露于外，叫人盲目艳羡，异口同声地称它为千里马，而是通过朝发夕至的奔跑速度体现出来。”比唐寅小几个月的文徵明也写信给唐寅：“我父亲说你很有才情，但为人轻浮，恐怕一事无成。”但唐寅并没把好友的忠告放在心上，反倒十分反感，回信给文徵明：“我生来就是这样，你要看我不顺眼，就别和我做朋友。”

弘治十二年（1499年），唐寅与江阴富家子徐经进京参加二月份举行的会试。朝廷命太子少保礼部尚书兼文渊阁大学士李东阳、礼部右侍郎兼翰林院学士程敏政为会试主考官，两人皆饱学之士，出题十分冷僻，很多考生答不上来，只有两张试卷答得贴切，且文辞优雅。程敏政脱口而出：“这两张卷子肯定是唐寅、徐经的！”因为程敏政此前看过唐寅的文章，乡试将唐寅点为解元的太子洗马梁储，回京后曾将唐寅的文章拿给程敏政看，程敏政看完后啧啧称奇。

在场的人听见程敏政对唐寅、徐经的预判以后，马上传了出去。三场考毕，蜚语满城，盛传“江阴富人徐经贿赂主考官，事先得到考题”。户科给事中华昶受人指使，上表弹劾程敏政卖题，表中涉及徐经和唐寅。明孝宗敕令程敏政停止阅卷，由李东阳会同其他考官对考卷进行复审，徐经和唐寅两人都没在录取名单之内，卖题之说纯属子虚乌有。但舆论汹汹不止，朝廷为平息事态，便叫锦衣卫把程敏政、徐经、唐寅抓进大牢进行审讯，结果并无卖题实据，只是徐经为了拜师，曾拿出酬金送给程敏政；唐寅为了求程敏政为出使安南国的梁储写壮行文章，曾奉上财物。

据此，徐经和唐寅均被削除士籍，发为浙江小吏；程敏政罢官还乡，不久郁闷而死；华昶因奏事不实降职处分。一场科场讼案，以各打五十大板收场。

唐寅深以为耻，坚决不去就职。归家后，第二任妻子何氏终日怨言不断，哀其前途暗淡，以致夫妻失和，于是唐寅休妻。此时唐寅彻底断了功名利禄之心，整天纵情酒色以自娱。尽管如此，并没有“唐伯虎点秋香”之事，那是后代文人杜撰出来的，下面这件事情却是属实。

正德二年（1507 年），唐寅在秦楼楚馆认识了官妓沈九娘，沈九娘钦佩唐寅的才华，曾向他表达爱意。可是唐寅觉得妓女大都缺乏真心，不能从一而终，因此没往心里去。一次，唐寅在街边卖画，十分落魄。沈九娘见到后非常心疼，拿出自己的积蓄接济他。唐寅突然感到从未有过的温暖，转变了对沈九娘的看法，发誓要好好学画，一定赎出沈九娘。唐寅努力向名师学画，加上自己天分极高，后来，唐寅的画登峰造极，买画的人络绎不绝。

正德四年（1509 年），唐寅终于攒够银两，将 31 岁的沈九娘赎了出来，住进在苏州城北桃花坞新建不久的桃花庵，喜结连理。第二年，沈九娘为唐寅生下一个女儿，唐寅为其取名“桃笙”。可惜好景不长，仅仅过了七年甜蜜日子，沈九娘便得了重病，唐寅四处求医，仍无力回天，不久便撒手人寰。

从此，唐寅整日在桃花庵里写字画画，自食其力，对自己以卖画为生的生活感到满足。但怀才不遇、壮志未酬的心境偶尔还会泛起。

正德九年（1514 年）秋，宁王朱宸濠到苏州招揽人才，唐寅重燃仕途梦，欣然赴约。没过多久，文徵明给唐寅写了一封信，劝他赶紧离开宁王府，否则会有杀身之祸。唐寅想到以前没听文徵明的忠告，结果吃了大亏，这次无论如何要听他的。可是宁王府戒备森严，怎样才能离开呢？

《红叶题诗》唐寅画。（源于百度）

唐寅想到了明成祖朱棣，当燕王时赶上了建文帝削藩，派人到燕京捉拿他，燕王便装疯卖傻，躲过一劫。何不学学成祖呢？于是，唐寅在街上一边裸奔，一边乱喊：“你问我是谁，你原来是我。我本不认你，你却要认我。我少不得你，你却少得我。你我百年后，有你没了我。”正德十年（1515 年）三月，宁王见唐寅疯了，立刻逐出府门。

后来，宁王起兵造反，他的大军很快就打到了安庆，如果安庆被攻破，陪都南京肯定难保，那样的话宁王之乱就不好平定了。江西巡抚王守仁（字阳明），迅速集结了七八万军队，直取宁王老巢南昌。宁王率军回援，双方在鄱阳湖大战三天三夜，最终宁王兵败被擒，后被朝廷诛杀。

唐寅听到这个消息，非常庆幸，感谢文徵明救了自己一命，从而尽释前嫌。

晚年的唐寅依然以卖画为生，由于这项收入难以填补消遣支出，以致生活穷困潦倒，依靠朋友接济度日。嘉靖二年十二月二日（1524年1月7日），55岁的著名才子唐寅，在贫病交加中了却一生。

上帝是公平的，若要为你关上一扇门，必然就会打开一扇窗。唐寅仕途无疑非常失败，但艺术却炉火纯青。绘画与沈周、文徵明、仇英并称“吴门四家”，又称“明四家”；诗文与祝允明、文徵明、徐祯卿并称“吴中四才子”。

在唐寅的山水诗或田园诗里，时常会出现栗子的身影，他在七律《山居图》中写道：

隐居深在碧山空，
涧壑才堪侧步通。
芋栗一园秋计足，
僮奴百指治生同。
短墙甃石牢牵荔，
薄酒盈坛共转筒。
我欲相随卜居去，
此身一脱花尘红。

翻译成白话文就是：

隐居在深山老林的绿崖之上，
涧壑狭窄只能侧着身子通行。
芋头栗子满园秋季收获颇丰，
奴仆十人家业经营基本相同。
石垒短墙下面长满丛丛马蔺，
家酿老酒装满了瓷坛和木筒。
我想选择跟他们一起隐居去，
此身离开花花红尘世界当中。

诗中“荔”字有两种解释：一是水果名，即“荔枝”，产于南方广东、福建。二是草名，即“马蔺”，又名“马荔”，多年生草本植物，叶片狭长，花为蓝色。笔者认为：结合短墙之下的生长环境，以及唐寅家乡不产荔枝的实际情况，译成“马蔺”比译成“荔枝”更为妥帖。

裂蓬新栗 唐寅《山居图》诗中有“芋栗一园秋计足”之句。（源于百度）

宏道入村赏板栗

袁宏道 明代吏部主事、国子博士，文学家、诗人。（源于百度）

袁宏道（1568—1610），字中郎，号石公。湖北省公安县人。明代礼部主事、吏部主事、稽勋郎中、国子博士，文学家、诗人。

科场失意

袁宏道生于官宦家庭，少年时期生活富裕，在万莹、王辂等名师的培养下，擅长诗文。16岁为诸生（经考试录取而进入府、州、县各级学校学习的生员统称“诸生”），即在城南组织文社，自己当社长，凡30岁以下的社友都尊他为师，听他约束，不敢违反。21岁中了举人，但赴京会试时却名落孙山。

科场的失意，袁宏道难免产生不遇之感，诗中常常浩叹孤寂愁闷与郁郁寡欢。在哥哥袁宗道的影响下，袁宏道开始从禅宗中寻求精神寄托，以禅诠儒，豁然大悟。把自己的心得写成《金屑》一文，到麻城拜访李贽，两人说文谈禅，十分相得。李贽称赞他“识力胆力，皆迥绝于世，真英灵男子”。在李贽离经叛道思想的启迪下，袁宏道视野大开，决心改变诗文创作之风，独树一帜。

地 方 为 官

万历二十年（1592 年），袁宏道 25 岁中进士，虽未立即被朝廷委派官职，但仕途之门已入，多年的愿望总算实现，因此心情舒畅，在家乡石浦河畔，常与亲友相聚，作诗饮酒，谈禅遨游，悠闲自得。他这时对文坛上的复古运动深表不满，认为诗文应当随意而发，不应模拟蹈袭，作茧自缚。在他看来，复古之作不如民间俚曲。

万历二十三年（1595 年），袁宏道 28 岁，被授吴县（今江苏省苏州市的相城区和吴中区）县令。他判案果断，与民方便，从不积案，颇受地方百姓拥戴。然而却招致顶头上司的不满，加上吏务繁杂，难得清闲，他觉得人生当官很苦，当县令更苦，当吴县县令比别处要苦万万倍。因此，第二年便借故辞去县令职务。

辞 官 览 胜

为了消除胸中不快，袁宏道辞职后没有立即回到家乡，而是遍游东南名胜，徜徉于无锡、杭州、绍兴、桐庐、歙县等奇山秀水之间，与友人陶望龄、潘景升等诗酒酬答，奇文共赏。三个多月里，“无一日不游，无一游不乐，无一刻不谈，无一谈不畅”，而且“诗学大进，诗集大饶，诗肠大宽，诗眼大阔”。尤其是他在杭州读到徐渭的遗稿《阙编》时，犹如在噩梦中被唤醒，他和朋友跳起来，在灯影下读了又叫，叫了又读，睡着的佣人都被惊起。当时正值诗歌领域荒芜秽浊之时，得到这样的作品弥足珍贵，袁宏道从此逢人便宣传徐渭及其作品，他为徐渭“恣臆谈谑，了无忌惮”的诗风所倾倒，从而提出了“独抒性灵，不拘格套”的创作主张。

进京任职

万历二十六年（1598年），袁宏道31岁，被起用为顺天府（今北京市）教授。次年升为国子监（中国古代最高学府）助教。第三年补礼部仪制清吏司主事（正六品）。

北京毕竟是明朝文化中心，袁宏道在这里得以博览国家收藏的各种图书，又和谢肇淛、黄辉及哥哥袁宗道、弟弟袁中道等结为“葡萄社”，在城西崇国寺评诗品文，谈古论今，颇感闲适快乐。

万历二十八年（1600年），袁宏道33岁，因哥哥袁宗道去世，请假告归。他在公安城南柳浪湖边建起“柳浪馆”，终日与旧友吟诗作文，寄情山水，钦慕陶渊明能悟彻人生，在长林丰草间寻求自适，在柳浪湖一住就是六年。

万历三十四年（1606年），袁宏道39岁，返京任职。不久，转任吏部验封司主事，官至吏部考功员外郎（从五品）。这期间，袁宏道一有闲暇，便到京郊游览。他听说超化寺系辽代所建，坐落在娄子水村，人文景观和自然景观俱佳。于是，选择秋容如绘栗蓬变黄之时，到此寺此村游览一番，并写下一首咏栗七律《入超化寺水村去密二十》：

颓峦垒谷泻溪光，
石上题名尚李唐。
竹叶送阴遮古寺，
稻芒随水出山庄。
一林过雨芦花白，
半壁疏云栗子黄。
犹记西风红蓼里，
桐槽载网入潇湘。

翻译成白话文就是：

山峦欲坠巨石满谷溪水潺潺流淌，
摩崖石刻题诗署名崇尚唐代时尚。
片片竹林送来阴凉遮住古寺殿宇，
条条稻芒随着流水漂出山野村庄。
树林经雨更加青翠芦花也更洁白，
绝壁绕云虚无缥缈栗蓬已经变黄。
还曾记得西风乍起红蓼盛开时节，
桐木小船载着渔网进入潇水湘江。

从袁宏道“半壁疏云栗子黄”一句可以看出，在明代以前，栗树在燕山一带就基本上达到了无缝覆盖，不管走到哪里都可看到栗树的身影。

超化寺 位于娄子水村，辽代所建，袁宏道曾到此寺游览。
（源于百度）

新栗满枝 袁宏道曾写《入超化寺水村去密二十》，诗中有“半壁疏云栗子黄”之句。（源于百度）

袁枚食单列板栗

袁枚 清代知县，诗人、散文家、文学评论家、美食家。（源于百度）

袁枚（1716 － 1798），字子才，号简斋，晚年自号仓山居士、随园主人、随园老人。钱塘（今浙江省杭州市）人。清代沭阳等县知县，乾嘉时期著名诗人、散文家、文学评论家和美食家。

袁枚 20 岁以前，在杭州读书学习。乾隆元年（1736 年）21 岁时，去广西看望做幕僚的叔父袁鸿。叔父领他带着《铜鼓赋》去拜谒巡抚金鉷，金鉷赞叹他的才华，推荐他参加博学鸿词考试，使他声名远播。此试在康熙、乾隆年间各举行一次，不限秀才举人，不论已仕未仕，凡是督抚推荐的都可进京参考，成绩优秀者可以授予官职。

乾隆三年（1738 年）秋，袁枚参加乡试，考中举人。

乾隆四年（1739 年），袁枚参加会试和殿试，诗中有“声疑来禁院，人似隔天河”的妙句，主考却认为“语涉不庄”，将名落孙山，幸得刑部尚书尹继善相助，才免落榜，以二甲第五名中进士，授翰林院庶吉士。在所有的进士当中，只有一甲前三可直接进入翰林院当庶吉士，二甲和三甲中挑选精英再次考试合格后才可成为庶吉士，庶吉士的职责是给皇帝讲解经史书籍，并替皇帝起草诏书，是皇帝的秘书。但是，庶吉士需要在翰林院学习三年以后，参加散馆考试（即毕业考试）合格者才能留任；不合格者分发各部任主事，或到地方任知县。因袁枚平时不爱学书法、不爱学填词、不爱学满语，尤其满语成绩最差，所以，乾隆七年（1742 年）庶吉士散馆考试，袁枚没有过关，只得调往地方。

乾隆八年（1743 年），袁枚 28 岁，任溧水（今江苏省南京市溧水区）知县，赴任途中，他感慨万千，写下了《途中寄金二质夫》一文，表达他当时的忧伤心情。后来又任江宁（今南京市江宁区，寓意江南安宁）、江浦（今南京市浦口区）、沭阳（今江苏省沭阳县）等县知县。前后七年间，他推行法制，不避权贵，颇有政绩。

特别是任沭阳知县时，虽逢乾隆盛世，但在沭阳却万户萧疏，悍吏横行，全县竟有三十万灾民，饿死者不计其数。袁枚面对惨不忍睹的现状，一方面奋笔疾书，鞭挞那些不顾百姓生死的贪官污吏；另一方面开仓赈灾，减免赋税，率民治水，采取多种措施恢复农业生产，很快收到了成效。

在讼狱处理上，他整天坐在公堂，凡百姓来打官司，小案立判不积压，大案也从速办结，社会秩序很快趋于稳定。他与耕夫、蚕妇、工匠、商贩、书生都有交往，不但深入民间关心百姓疾苦，还跻身市场了解物价行情，一心一意为百姓办实事、办好事。他还严厉约束家人和下属，不准扰民害民。沭阳人都称他是“大好官”。

乾隆十二年（1747 年），时任两江总督的尹继善推荐袁枚任高邮知州，竟然没被吏部采纳。有人分析原因，是袁枚风流放诞，被嫉妒者、竞争者传入京城，借此中伤，吏部认为袁枚违背封建伦理纲常，不具备升迁条件。

袁枚少年成名，心气极傲，当年以翰林身份改任知县已颇感不平，如今又晋升无望，使他心灰意冷，本来就看不惯官场倾轧，也不愿为大官当奴隶，遂产生了急流勇退、全身远祸、文章报国的想法。

乾隆十四年（1749 年），袁枚 34 岁，父亲去世，遂辞官回乡，奉养老母。离开沭阳时，百姓恋恋不舍，夹道送行，攀车饯酒，洒泪话别。

辞官以后，他在江宁（今南京）小苍山下，以三百金购得康熙织造隋公之园（即曹雪芹笔下的大观园），因荒废已久，湖水干涸，花木凋零，亭台残破，楼榭倾颓，袁枚便随山就势加以改造，故改“隋”为“随”，取名“随园”。随园占地百亩，袁枚按照宋代以来“壶中天地”（壶中展现日月星辰，蓝天大地）、“须弥芥子”（将偌大须弥山，装进芥菜籽里）的以小见大景观布局最高境界，来修建园中景观。通过栽植四季花木，打造春夏秋冬景象；通过修建观景长廊，欣赏雨雪雷电变化；还把故乡西湖的里湖、外湖、花港、六桥、南峰、北峰等仿建在园内，给人以居家如居湖、他乡如故乡的感觉。功夫不负有心人，随园终于成为自然风光与人文景观集于一体的著名私家园林。袁枚在《杂兴诗》中描绘随园景致时写道：

造屋不嫌小，
开池不嫌多；
屋小不遮山，
池多不妨荷。
游鱼长一尺，
白日跳清波；

知我爱荷花，
未敢张网罗。

随园四面无墙，每逢节日，游人如织，袁枚任其往来，从不禁止，还在门口贴上欢迎大家游览的对联：

放鹤去寻山鸟客，
任人来看四时花。

一时间，随园声名远播，成了文人雅士观花赏景、饮酒赋诗的绝佳场所。袁枚在园中读书、创作、会友、授业，追求恬淡适我的生活情趣。并广收弟子，提倡妇女文学，女弟子尤多，多为官宦人家妻女。袁枚成为乾嘉时期赫赫有名的诗人，引领一代诗风，与赵翼、蒋士铨合称“乾隆三大家”。文笔与京城大学士纪晓岚齐名，时称“南袁北纪”。

几年下来，袁枚著述颇丰，有《小仓山房诗文集》《随园三记》《随园杂兴》《随园诗话》《随园随笔》等多部著作。这些著作大量出版印刷以后，袁枚紧接着增加经营项目，在园子里出售自己的各种著作，非常畅销，就连属国琉球都有人专程前来购买，仅卖书一项，一年即可收入三四千两白银。袁枚把这些银两用于诗坛活动和园中修缮等各项开支，形成了良性循环。可以说，袁枚在清代早期就为后世开创了旅游 + 文化的先河。

随着游人日渐增多，袁枚又在餐饮业上大做文章，他撰写了《随园食单》一书，用以激发游人食欲，招揽四方食客。每有客人来园中小酌，都叫佣人将餐桌摆在景致极佳的亭台楼阁，方便客人一边观景、一边饮宴，还安排美女吹打弹拉、歌舞助兴，使园内餐饮生意非常红火。

《随园食单》一书，是系统介绍南北菜点如何烹制的实用著作。

为了写好这部书，袁枚不仅亲自下厨摸索特色菜点的做法，而且还花重金派人到各地学习名菜名点的制作技艺，把自创特色菜点和各地名菜名点全部收入《随园食单》。全书分为杂菜单、点心单、饭粥单、茶酒单等 14 部分，利用栗子制作菜肴、糕点也分别写入书中。

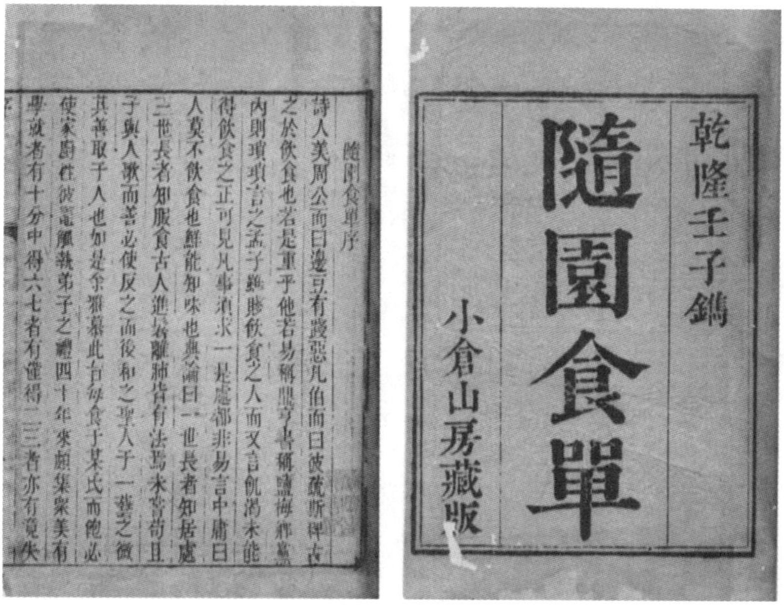
隨園食單序
詩人美周公而曰籩豆有踐惡凡伯而曰彼疏斯稗古
之於飲食也若是重乎他若易稱鼎亨書稱鹽梅鄉黨
內則瑣瑣言之孟子雖賤飲食之人而又言飢渴未能
得飲食之正可見凡事須求一是處都非易言中庸曰
人莫不飲食也鮮能知味也典論曰一世長者知居處
三世長者知服食古人進鬐離肺皆有法焉未嘗苟且
子與人歌而善必使反之而後和之聖人于一藝之微
其善取于人也如是余雅慕此旨每食于某氏而飽必
使家廚往彼灶觚執弟子之禮四十年來頗集眾美有
學就者有十分中得六七者有僅得二三者亦有竟失

乾隆壬子鐫
隨園食單
小倉山房藏版

《随园食单》 袁枚在随园大做餐饮文章，搜集各地名吃写成此书。（源于百度）

在《杂菜单》里写道：

“栗子炒鸡：鸡斩块，用菜油二两炮，加酒一饭碗，秋油一小杯，水一饭碗，煨七分熟，先将栗子煮熟，同笋下之，再煨三分起锅，下糖一撮。”

在《点心单》里写道：

“栗糕：煮栗极烂，以纯糯粉加糖为糕蒸之，上加瓜仁、松子。此重阳小食也。”

为了教人们把栗子炒鸡和栗子糕点做得更加可口，袁枚针对人

栗子炒鸡 袁枚在《杂菜单》里详细介绍栗子炒鸡做法。（源于百度）

们容易忽略的问题，还在书中加上注释予以强调：

“新栗：新出之栗，烂煮之，有松子仁香。厨人不肯煨烂，故金陵人有终身不知其味者。”

从袁枚的《随园食单》一书可以看出，栗子是古人制作美味佳肴不可或缺的食材之一，无论主食还是副食，都可见到栗子的身影。

乾隆五十三年（1788 年），袁枚 73 岁，受沭阳知名人士吕峄亭的邀请，重回沭阳做客，沭阳各界代表趋前三十里迎接。袁枚面对如此拥戴他的民众，写下了情真意切的《重到沭阳图记》，他在文中深有感触地说：“视民如家，居官而不能忘其地者，其地之人，亦不能忘之也。”官爱民，民拥官，官民鱼水情深，袁枚不失为清代地方官的楷模。

袁枚恬淡闲适、逍遥愉快的生活方式，使他得以健康长寿，嘉庆二年十一月十七日（1798 年 1 月 3 日）袁枚去世，享年 82 岁。

懿行幼时馋板栗

郝懿行　号兰皋，清代户部主事，著名学者。　（源于百度）

郝懿行（1757—1825），字恂九，号兰皋，山东栖霞人，清代户部主事，著名学者。

郝懿行性格内向，少言寡语，可是谈起经史来却滔滔不绝。屋子里杂乱无章，院子里蒿草丛生，生活在这样的环境里他却怡然自得，舍不得拿出时间来打理琐事，一天到晚只顾埋头写作。一生著述颇丰，共有 30 多部，都收在《郝氏遗书》里。

夫人王照圆（1763 － 1851），字婉佺，福山（今山东省烟台市福山区）人。她六岁丧父，在母亲的教导下博览群书，悟性极高，常以“平生要做校书女，不负乌衣巷里人”的诗句自勉。她 25 岁时，与郝懿行结婚，夫妻俩志同道合，常以诗词唱和。同年，郝懿行去济南考中举人，王照园当即写诗鼓励丈夫：

小试文场久擅名，

矮庐一人倍经营。
案头挥笔风添势，
夜半构思月助明。
花结锦成人易懒，
云飞露白马登程。
如君折得蟾宫桂，
自尔方山听鹿鸣。

王照圆通过诗作嘱咐丈夫不要骄傲，再接再厉，争取参加会试和殿试时能够蟾宫折桂。

郝懿行经过 11 年的不懈努力，嘉庆四年（1799 年）不负夫人所望，果然进士及第，授户部主事。户部相当于现在的民政部，从上到下依次设有尚书、侍郎、郎中、员外郎、主事、笔帖式。主事是京官系列当中地位较低的，负责管理具体事物，属于正六品。

此时王照圆 36 岁，陪同丈夫进京赴任。王照圆为人贤达，进京后，同当时的文人学者广有交往，颇受尊重。她曾为户部侍郎阮元题诗“齐名积古从公定，室有藏书是母留”，阮元非常欣赏，遂将居室“续古斋”更名为“积古斋”。

王照圆既是郝懿行生活上的伴侣，又是学问上的诤友，与郝兰皋评论经史，每遇观点相左，必须弄个水落石出，因此常常争论一天也争论不完。她的著作也不少，有《列女传补注》《列仙传校正》《婉佺诗草》《闺中文存》等多种。她的文字行云流水，见解细致入微，是清代第一才女。

郝懿行可能性格所致，仕途上没有发展，直到退休依然是户部主事这样一个小小京官。虽然著述很多，身后境况却非常凄惨，去世以后竟无钱安葬，夫人打算叫他魂归故里，却难以实现，只好滞留京城，无依无靠。

然而，郝懿行的童年却非常幸福，好奇心也特别强。小时候从私塾放学回家，路过糖炒栗子店铺，总要驻足观看加工全过程。见店里伙计把临时炉灶、铁锅、烟筒搬到门口安好，点着木柴，先在锅里炒铁砂，砂子热了以后放入栗子，用大平铲不停地翻动，以免炒煳，时不时地还往锅里浇上几勺红糖水。栗子炒熟以后，便铲进铁丝筛子，把砂子筛出来放回锅里，下次再炒时继续使用。熟栗子装进柜台上的笸箩里，蒙上棉垫趁热叫卖。幼小的郝懿行此时忍不住口水直流，就掏出钱来买些尝尝，没想到甘甜无比，香糯可口。

从此，郝懿行一发不可收，养成了放学回家必买糖炒栗子的习惯，后来还把当年的食后感写进了《晒书堂笔录》：

“余幼时自塾晚归，闻街头唤炒栗声，舌本流津，买之盈袖，恣意咀嚼。其栗殊小而壳薄，中实充满，炒用糖膏，则壳极薄脆，手微剥之，壳肉易离，而皮膜不粘，意甚快也。”

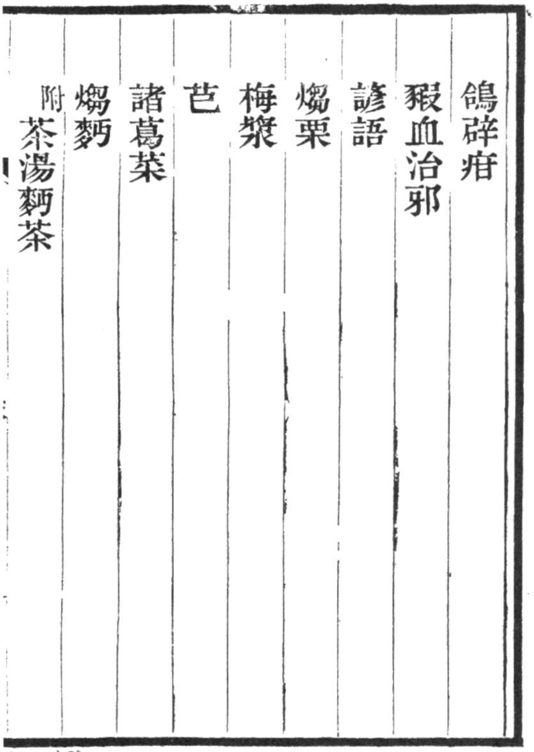
鴿碎疳
猳血治邪
諺語
燭栗
梅漿
芭
諸葛菜
燭麪
附 茶湯麪茶

《晒书堂笔录》卷四目录 其中“燭栗”条详细介绍了炒栗全过程。

（源于百度）

翻译成白话文就是：

我小时候晚上从私塾放学回家，听到街头传来卖糖炒栗子的叫声，就情

叫卖炒栗 郝懿行在“炒栗”条写“闻街头唤炒栗声，舌本流津”。（源于百度）

不自禁地流口水，买了满满一袖口，尽情细嚼。这种栗子特别小，而且皮儿非常薄，里边的栗仁儿却很饱满充实，炒的时候加点儿红糖汁，皮儿便又薄又脆，用手轻轻一剥，皮儿和仁儿容易分开，软皮也不沾在仁儿上，吃起来感觉特别快意。

郝懿行在《晒书堂笔录》中对糖炒栗子的美好赞誉，正是今天青龙板栗的独有特征，其他地方的板栗虽大但不甘甜，而且软皮常常粘在仁儿上，不容易剥离下来。

那么，青龙板栗有卖到栖霞的可能吗？肯定有。清代初期，青龙一带森林茂密，禽兽繁多，素有“棒打獐子瓢舀鱼，野鸡飞到粥锅里”之说。因此，康熙九年（1670 年）内务府派满族正白旗十二名千总，率领一百多名鹰手出长城冷口关，来青龙猎取野鸡。千总和鹰手共分十六大姓：张王李肖、佟宋满高、刘杨谢马、金于崔邵。当时这些正白旗满族属于军队编制，因此千总的驻地往往以营子相称，如“肖营子”“王营子”等等。而鹰手为了猎取野鸡方便，往往住进山沟小岔，至今还有一个小山村叫“鹰手沟”。

这些正白旗满族圈占了青龙西部大部分土地，自耕自食，不纳租税，唯每年要向皇宫内务府都虞司御膳房缴纳固定数量的野鸡，俗称“野鸡捐”，也叫“野鸡差”。缴纳的野鸡既有活鸡，也有死鸡，活鸡每年交雌、雄各一只，冬至以前送到北京，供皇帝天坛祭祀时使用；其余全交死鸡，每年分冬月、腊月、正月、二月四次送到。

这些正白旗的居住地盛产板栗，几百年以上树龄的古代栗树比比皆是。千总押送野鸡进京一次花费很大，为了弥补巨额开支，很可能顺便带些家乡特产板栗卖给北京良乡贸易中心，然后再从良乡销往全国各地，所以郝懿行小时候在老家栖霞吃到的糖炒栗子极有可能是青龙所产。

乾隆诗论炒板栗

清代《北京竹枝词》中有一首赞美糖炒栗子的诗，不仅描写了炒栗场景，还记述了炒栗价格：

街头炒栗一灯明，
榾柮烟消火焰生。
八个大钱称四两，
未尝滋味早闻声。

康熙皇帝　十分喜爱孙子弘历，曾带在身边亲自教导培养。（源于百度）

无论在刀耕火种的古代，还是在高度文明的今天；无论在帝王将相的食谱里，还是在普通百姓的餐桌上，栗子都是不可或缺的滋补美食。在历代帝王当中，尤其喜欢吃栗子的莫过于清朝的乾隆皇帝。

乾隆（1711—1799）名叫弘历，小时候是在爷爷康熙身边长大的。康熙有 35 个儿子，儿子多孙子自然就多，不是每个孙子他都见过。四皇子胤禛特别喜爱儿子弘历，总想让他见见爷爷，便在父皇来到府邸时，让 10 岁的弘历和弟弟弘昼一起拜见爷爷，弘昼结结巴巴，非常怯场；弘历镇定自若，对答如流，而且长得健硕俊秀，具有帝王气质。康熙没想到还有这样一个优秀孙子，惊讶得放下了手中杯子。

有一次康熙为了检验各位皇子的才华，写了不少“墨”字，叫太监发给所有儿子对下联。皇子们纷纷揣测圣意，胤禛以为父皇用墨暗喻黑心贪官，意在整顿吏治，便对了个“吏”字，叫弘历送给爷爷过目，康熙看后摇摇头。大皇子胤禔以为父皇用墨暗喻文人，可能要倡导文韬武略，便对了个“武”字。其他皇子更是五花八门，可能考虑“墨”属文房用品，有的对“书”，有的对“纸”，有的对“笔”，有的对“砚”，尽都牵强附会，谁也没对上。康熙很不高兴，回过头来问孙子弘历：“如果叫你对，你会对什么字呀？”弘历从容答道：“爷爷，我对泉字，因为墨是黑土，泉是白水，黑土和白水正好相对。”康熙听了转怒为喜，连说后继有人了。后来康熙多次到雍王府来看弘历，经过深入了解，认为他德才兼备，文武全能，就对弘历母亲说：“你是个有福气的人呀！”便把弘历带回宫中亲自教导培养。

从此，康熙无论在承德避暑山庄办公，还是到木兰围场狩猎，都把弘历带在身边。有一次在围场打猎时，康熙射杀一头狗熊，为了锻炼弘历的胆量，叫他上前补上一箭，谁知狗熊没有死，爬起身来扑向弘历，弘历并未惊慌，张弓搭箭射向狗熊，在侍卫们的帮助下将狗熊彻底杀死。康熙见仅仅十几岁的少年就具王者风范，能在大庭广众之下尽显皇家威仪，格外高兴，从此对弘历更加刮目相看，即使批阅奏章也叫他站在身边观看。有人说康熙之所以传位给雍正，就是因为他特别喜欢孙子弘历，看来这话不无道理。

后来康熙驾崩，雍正即位。雍正驾崩，弘历即位，年号“乾隆”。乾隆对爷爷康熙非常敬重，事事都不超过爷爷，就拿承德避暑山庄的景点题名来说，康熙题的是四个字，如“澹泊敬诚”“天宇咸畅”“万壑松风”等等，乾隆则照爷爷少题一个字，如“烟雨楼”“金山亭”“水心榭”等等。再看在位时间，康熙当了61年皇帝，乾隆为了不超过爷爷只当60年，就把皇位禅让给儿子嘉庆，自己又当了三年零四个月的太上皇。

乾隆皇帝 与爷爷康熙、父亲雍正共同开创了“康乾盛世”。

（源于百度）

乾隆在位期间，对爷爷一往情深，祭祀大礼从不间断。一年秋末，乾隆到东陵祭祀太爷顺治和爷爷康熙。因为东陵在遵化地盘，按照礼制，遵化知县必须接驾。知县很会揣摩乾隆心思，他想：皇帝在宫里什么好东西吃不到哇，给他弄些山珍海味也不新鲜，如果叫他尝尝宫里吃不到的东西，估计他准喜欢。知县见干果摊儿上正在出售糖炒栗子，于是令人摆了一桌当地土特产，其中就有糖炒栗子，又泡一壶武夷山名茶大红袍。乾隆倍感新鲜，尤其那盘黄仁儿微露的糖炒栗子更是诱人，太监一颗一颗地剥，乾隆一颗一颗地吃，觉得甘甜绵糯，满口余香，不禁连连夸奖。从此，乾隆对糖炒栗子留下了深刻印象。

一年初冬，乾隆在北京皇宫用过晚膳，想排遣一下寂寞，就换上便装，带上两个贴身太监出宫，到前门大街溜达。街上人来人往，熙熙攘攘，比宫里热闹多了。忽然，不远处飘来淡淡的炒栗清香，想起当年在遵化品尝到的炒栗美味，乾隆顿时加快脚步，循着栗香向前走去。他来到一个干果店前，见一个人在锅下烧火；另一个人拿着铁铲不停地翻动锅里的栗子，时不时地还往锅里浇点儿红糖水。乾隆看得出神。掌柜的见他虽然身着便装，但气度不凡，肯定是个有钱的主，为了招揽生意，就把刚出锅的糖炒栗子端给他品尝，并且告诉他，刚出锅的栗子虽然烫手，也要趁热剥吃，这样内外皮一起脱落；如果等凉了再剥，里边的软皮很难剥下来，而且栗肉变硬，吃起来发硬，没有松软感。乾隆趁热品尝后，觉得清香可口，甘美如饴，比在遵化凉吃好多了，就叫太监买了一包，带回宫里慢慢享用。

乾隆出于团结全国各族人民的需要，十分注重学习各族文化，诸如文韬武略、宗教信仰、节日风俗、服装饮食等等，无一不进行研究。在寝宫吃完炒栗，他便翻阅古籍，见《契丹史》里有这样一段记载：辽代翰林萧韩家奴，于统和二十八年（1010 年）掌管南京（辽国当时共有东西南北中五京，其中南京即今北京）栗园，曾向辽兴宗介绍炒栗子的诀窍，他说："炒栗，小者熟则大者必生；大者熟则小者必焦。使大小均熟，始为尽美。"

乾隆看到这几句话，又联想到刚才在前门大街见到的糖炒栗子情景，顿时诗兴大发，立即叫太监研墨铺纸，他提起笔来潇潇洒洒写了一首《食栗》诗：

小熟大者生，
大熟小者焦。
大小得均熟，
所恃火候调。
堆盘陈玉几，
献岁同春椒。
何须学高士，
围炉芋魁烧。

翻译成白话文就是：

小栗子熟了则大栗子生，
大栗子熟了则小栗子焦。
要叫大小栗子一起熟透，
全靠调好火候慢慢地炒。
且把盘子放在立几之上，
装满炒栗如同献岁果蔬。
无须学习那些世外高士，
他们只知围炉烧烤芋头。

乾隆这首五言律诗《食栗》，前半部分十分通俗，后半部分比较晦涩，但不管通俗也好晦涩也罢，却把炒栗诀窍写得非常明了，只要按照诗中所写技巧操作，就能够炒出色香俱佳的糖炒栗子。同时还可以看出，乾隆皇帝虽贵为九五之尊，但在琳琅满目的诸多干果当中，最喜欢的还是那香糯可口、甘美如饴的糖炒栗子！

炒栗名茶 乾隆《食栗》诗中有“大小得均熟，所恃火候调”之句。 （源于百度）

板栗节日

刘春铁 提供

2017年第一届青龙板栗节

第一届青龙板栗节开幕式。

在首届青龙板栗节开幕式上的致辞

中共青龙满族自治县县委书记　霍春利

（2017年11月18日）

尊敬的各位领导、各位来宾，同志们、朋友们：

在2017年全国板栗产业发展研讨会暨河北省板栗产业技术创新战略联盟年会隆重举行的日子里，我们诚邀四方宾朋，齐聚美丽青龙，共庆首届“龙城购物·青龙板栗节”。在此，我代表青龙县委、县人大、县政府、县政协，向莅临板栗产业战略联盟年会、青龙板栗节的各位领导、各位来宾、新闻界的朋友们表示热烈的欢迎！向关心支持青龙板栗产业发展的省、市和各部门的领导、社会各界的同志们、朋友们表示衷心的感谢！

近年来，青龙县委、县政府高度重视板栗产业发展，始终坚持把板栗产业作为振兴农村经济，加快贫困人口稳定脱贫，打造生态大县强县的基础性战略产业来抓，在资金、政策、行政推动上予以大力倾斜，实现了全县板栗产业的快速发展。截至目前，全县板栗栽培面积达到91.8万亩，推广板栗标准化生产30万亩，年产量2.5万吨，年产值4.25亿元，全县农民人均板栗收入945元，带动1.26万贫困户、4.14万贫困人口实现增收。组织注册了“京东”“燕之龙”“龙之瑞”等板栗品牌，其中“京东牌”板栗被评为河北省著名商标。青龙被确定为“出口板栗质量安全示范县”“百万亩外向型京东板栗出口基地县”，青龙板栗成为“河北省名优农产品”；2012—2017年，在“中国（廊坊）农产品展销会”果王争霸赛活动中，青龙选送的板栗共荣获奖牌11枚，其中金奖3枚，银奖5枚，铜奖3枚，百峰贸易有限公司的“京东牌”板栗荣获“河北省十大林果产品品牌”称号。

2017年1月，“中国河北 青龙甘栗”宣传广告在美国纽约时代广场大屏幕播出，青龙板栗不但出口日本、韩国、东南亚和我国台湾等国家和地区，还畅销国内各大中城市。2017年8月，青龙成立了全市首个板栗产业发展中心，为全县板栗产业可持续发展提供组织保障和技术支撑。

当前，青龙板栗产业虽然在农村经济振兴和贫困人口脱贫中起到了重要作用，但是由于我县板栗产业在技术注入、市场开拓、品牌营造、链条延伸、递进增值上存在严重短板，加上基础设施脆弱，靠天收严重，实事求是地讲，我县板栗产业距离产业强县、效益大县还有很长、很艰苦的路要走。今天邀请各位领导、专家学者、业界精英齐聚青龙，就是为我们如何在板栗产业补短板、破瓶颈、完善管理和运营机制上把脉会诊，为青龙板栗产业从资源大县快速向产业强县、效益大县迈进出谋划策，将大家的建议转化成促进产业发展的动力，贯彻到产业发展的每个环节中，推动青龙板栗产业快速向区域化布局、专业化生产、市场化运营、高效安全化产出的良性轨道迈进。

本届青龙板栗节旨在以栗为媒，以节会友，通过务实严谨的学术研讨、丰富多彩的文艺演出、商务活动，展示青龙良好的生态环境和深厚的文化内涵，展示青龙生态立县、转型跨越新形象。

本届青龙板栗节的举办，得到了省、市领导的高度重视和相关部门的大力支持，必将推动青龙板栗产业的快速发展，必将让更多的有识之士认识青龙、了解青龙、感知青龙，增进青龙与外界的交流与合作。板栗为我们带来了新的希望，更为我们搭起了沟通的桥梁，联起了友谊的纽带，真诚希望各位领导、专家和业内精英今后要一如既往地关心青龙、关注青龙，常来青龙旅游观光、投资兴业，不断为青龙板栗产业发展助力加油！

最后，祝 2017 首届“龙城购物·青龙板栗节”圆满成功！

肖营子板栗扶贫产业示范园简介

肖营子板栗扶贫产业园位于肖营子镇五指山村，是以板栗产业为主导的农业示范园区。目前，园区内有农业企业25家、农民合作社94家，规模种植果树面积10万亩，年产量7000吨、产值1.2亿元，年可带动人均增收4000元。目前，园区已辐射带动八道河、娄杖子、青龙镇等8个乡镇、42个贫困村、1.2万贫困户、3.96万人发展板栗产业，种植面积达24.7万亩，年产量1.1万吨，年产值1.8亿元，年带动人均增收2470元。

园区龙头企业——五指山板栗专业合作社，成立于2009年8月，注册资本1000万元，占地面积20亩。主要从事板栗、苹果、杂粮的种植和经营。合作社建设有培训中心、办公区、仓储区、气调库、深加工车间、收购大棚、筛选生产线、农资配送中心等，已形成了技术指导、品种改良、农资供应、产品回收、深加工、销售等于一体的完整服务链条。按照“公司＋合作社＋基地＋农户＋联合社＋供销社＋经营网络”模式，采取联建基地、订单生产、返利销售等方式，辐射带动1.58万户发展板栗产业，注册并打造“丰果”和“龙之瑞”等品牌。合作社坚持“民办、民管、民有、民受益”原则，主要提供五项服务。低价供应农资。每年以低于市场价15%的价格统一购买优质农资，统一购买率达95%以上，2012年以来共为农户提供板栗专用有机肥3500吨，种子11吨，所有农资对贫困户按成本价发放。免费提供技术培训。投资50万元建立了多功能培训大厅，成立农民技术培训中心，2010年以来共开展农民技术培训100余期，发放各种资料5000余份，年培训农民3000人次以上。免费推广新产品、新技术。2011—2014 年免费供给农户优质板栗接穗 50 余万条，实现果品改良 3500 亩；2015 年免费发放板栗接穗 80 万条，改良品种 1 万亩；2017 年免费发放板栗接穗 80 万条，改劣换优 2 万亩。建立社员信息网络。通过结算系统和信息系统，为每个社员设独立账户，将成员出资、社员分红、果树管理信息以及合作社交易等情况完整录入微机，实行产前、产中、产后全程质量跟踪管理。按股分红。按交易量及时将红利返还给社员，2009—2014 年共向社员返利 138 万元（包括农资），统一销售产品达 4000 吨，拉动社员增收 7000 万元，2015 年社员平均分红 5.3 万元。2013 年，合作社被中国供销总社、《中华时报》等五家单位评选为“2013 年经济年度开拓创新奖”，2014 年被评为“国家级示范社”，并通过有机产品认证和良好农业规范 CNAS 认证。还先后荣获省级诚信经营消费者满意单位、AAA 农产品专业合作社、315 保障消费者权益诚信经营示范合作社；市级优秀农民专业合作社示范社、产业化龙头企业等多项荣誉。

2018年第二届青龙板栗节

第二届青龙板栗节开幕式。

在2018年第二届青龙板栗节暨河北省板栗产业技术创新战略联盟年会上的致辞

青龙满族自治县人民政府副县长　刘 民

（2018年9月8日）

尊敬的各位专家学者、业界精英，女士们、先生们：

大家上午好！今天，2018年青龙板栗节暨河北省板栗产业技术创新战略联盟年会在青龙召开。在此，我谨代表县委、县政府，向各位表示热烈欢迎，对年会的顺利举办表示衷心祝贺！

借此机会，我向各位简要介绍一下青龙基本情况和板栗产业的发展现状。青龙地处河北省东北部、燕山山脉东麓、古长城北侧，总面积3510平方公里，素有“八山一水一分田”之称。青龙是国家扶贫开发重点县、少数民族自治县、革命老区，是林业大县、生态大县，是全国绿化模范县、经济林建设先进县。2017年年底，全县森林覆盖率达到67.1%，位列全省第二位，是京津唐秦的天然绿色屏障、燕山最绿的地方之一，被誉为“京东天然氧吧”，县城2014—2018年连续五年入选“中国百佳深呼吸小城”。

青龙是京东板栗的主要产区，有2000多年的栽培历史。据初步考证，县内凉水河乡下草碾村的“中华栗树王”，干周达6.8米，树龄千年左右，是全国现存最古老的板栗树。青龙得天独厚的区位优势和特殊的气候、土壤等自然条件，使青龙所产板栗果形端正、果粒均匀、色泽光亮、含糖量高、肉质细腻、软糯香甜、涩皮易剥，是京东板栗的顶尖产品。截至目前，全县板栗栽培面积已达近百万亩，年产量3万吨，年产值近5亿元，全县农民人均板栗收入1111元，带动1.26万贫困户、4.14万贫困人口实现增收。

青龙县委、县政府历来高度重视板栗产业发展，已经推广板栗标准化生产50万亩。组织注册了“京东”“燕之龙”“龙之瑞”等板栗品牌，其中“京东牌”板栗被评为河北省著名商标。2010年，青龙被河北省进出口检验检疫局确定为“出口板栗质量安全示范县”；2012年，被河北省政府确定为“百万亩外向型京东板栗出口基地县”。2000—2002年，青龙板栗连续三年被评为“河北省名优农产品”；2012—2017年，在“中国（廊坊）农产品展销会”果王争霸赛活动中，青龙选送的板栗共荣获奖牌11枚，其中金奖3枚，银奖 5 枚，铜奖 3 枚，百峰贸易有限公司的“京东牌”板栗荣获“河北省十大林果产品品牌”称号。

2017 年 1 月，“中国河北 青龙甘栗”宣传广告在美国纽约时代广场大屏幕播出。青龙板栗不但出口日本、韩国、东南亚和我国台湾等国家和地区，还畅销国内各大中城市。2017 年 8 月，青龙成立了全市首个板栗产业发展中心，人员编制由 4 人增加到 9 人，为全县板栗产业可持续发展提供组织保障和技术支撑。

2018 年，我们创业争先，扩大基地规模，新建板栗基地 4 万亩；截至目前，全县板栗基地面积，持续位列全省第一位、全国第二位。我们服务脱贫，发展深加工项目。实施了本土企业百峰贸易有限公司板栗深加工项目，批准纳入资产收益型扶贫项目库，将为企业注入建设资金 3000 万元，项目实施将有效抵御因果贱伤农而带来的产业发展风险。

目前，由于我县板栗产业在技术注入、市场开拓、品牌营造、链条延伸、递进增值上存在严重短板，加上基础设施脆弱，靠天收严重，仍未摆脱资源大县现状，距离产业强县、效益大县还有很长、很艰苦的路要走。今天各位专家学者、业界精英来到青龙，敬请为我们如何在板栗产业补短板、破瓶颈、完善管理和运营机制上把脉会诊，为青龙板栗产业从资源大县快速向效益大县、产业强县迈进出谋划策，留下真经。

最后，让我们共同祝愿河北、全国的板栗产业持续健康发展，预祝年会圆满成功，恭祝各位身体健康、工作顺利！

2018 年 9 月 8 日

关于全县板栗产业发展情况的介绍

青龙满族自治县林业局党组书记、局长 单贵文

尊敬的各位专家学者、业界精英，各位来宾：

大家好！金秋九月，栗果累累，值此联盟年会召开之际，欢迎来到美丽的京东板栗之乡，我代表青龙林业局对大家表示热烈欢迎！非常荣幸能和各位一起交流学习，下面我将青龙板栗产业发展情况作简要介绍。

一、自然生态人文环境独特

青龙满族自治县位于河北省东北部，地处燕山东麓，古长城北侧，隶属于秦皇岛市管辖，是少数民族自治县、国家扶贫开发重点县和革命老区。全县国土总面积 3510 平方公里，有满、汉、苗、回等各族人民 56.7 万人，其中农业人口 45 万人。近年来，县委、县政府提出了“生态立县、转型跨越”发展战略和“生态 +”的发展理念，竭力打造全县域国家生态公园，生态环境质量不断提升。截至 2017 年年底，全县森林覆盖率达到 67.1%，位居河北省第二位，是“燕山最绿的地方”之一。青龙素有“八山一水一分田”之称，多丘陵山地，成土母质以片麻岩、花岗岩为主。属北温带半湿润大陆性季风型燕山山地气候，年均降水量 721 毫米。境内有五大河系，水资源较为丰富。地貌平均海拔 200 米以上，光照充足；年平均气温 9 摄氏度，昼夜温差大。广袤的山场、独特的土壤、丰富的水源、适中的气温、充足的光照，为青龙板栗生长提供了独特的自然生态环境。

青龙板栗栽培历史悠久，可追溯到春秋战国时期，距今已有2000多年历史。仅在凉水河乡下草碾村附近就发现上百株板栗古树群，其中最大一株树龄高达千年，干周6.8米，被誉为“中华板栗王”，是国内已知最粗的板栗古树。千百年来，青龙人民在这里辛勤劳作、繁衍生息，在享受美好生活的同时，也赋予了板栗丰富多彩的文化内涵。比如青年新婚之日，老人们总要在新房备好饱满的栗子，因栗子与“立子”同音，取祈盼早生贵子、生活甜甜美美之意。

二、板栗产业链条逐步形成

县委、县政府一直高度重视板栗产业发展，坚持把发展板栗产业作为促进农业农村经济发展、贫困人口脱贫致富的战略性产业来抓，加大投入力度，延伸产业链条，较好地推动了青龙板栗产业的快速发展。

（一）扩大基地规模。2018年，安排资金3200万元，新建板栗基地4万亩，全县板栗面积近百万亩，栽植面积位列河北省第一位。今年估产可达3万吨，产值近5亿元，农民年人均板栗收入达到1100元，板栗产业已经成为全县农民脱贫致富奔小康的重要支柱产业。

（二）推广标准生产。邀请昌黎果树研究所专家编写了《青龙满族自治县板栗生产技术规程》，完成无公害果品产地认定31万亩，推广标准化生产50万亩。与河北科技师范学院等单位合作，破解了板栗内腐病防治等技术难题，采取发放明白纸、应用森林防火应急广播等方式，率先应用于生产，提高了板栗品质。

（三）争取示范项目。以2018年省政府来青现场办公为契机，争取到板栗产业项目资金660万元。其中争取到国家农业综合开发项目2个、建设资金560万元，用于2家合作社基地的标准化生产示范改造；争取到省级林业发展改革资金100万元，实施现代果品产业建设板栗标准化生产示范项目，推广开心树形、增施有机肥、应用杀虫灯、诱虫板防治病虫等无公害生产技术。

（四）引领脱贫攻坚。2017年9月，在第21届中国（廊坊）农产品交易会上，百峰贸易公司的“京东牌”板栗荣获“河北省十大林果产品品牌”。为此，我县谋划了扶持百峰贸易公司的板栗深加工项目，被县委、县政府批准纳入资产收益型扶贫项目库，为企业注入建设资金3000万元。项目实施将有效抵御因果贱伤农而带来的产业发展风险，带动贫困人口脱贫。

（五）延伸产业链条。青龙是“中国黏豆包之乡”，为丰富产品种类、引领板栗餐桌消费，支持在旗黏豆包生产企业——双合盛生态农产品公司，生产板栗黏豆包、栗丁小窝头等板栗深加工产品，帮助他们申报省级林果业龙头企业，享受林业贴息贷款政策。企业计划尽快实现年加工青龙板栗3000吨的生产能力，带动全县栗农增收，促进板栗产业发展。

三、存在问题及下一步打算

青龙板栗产业发展虽然取得了一定成绩，但是仍然存在一些不容忽视的问题，例如单位面积产量低、科技创新不到位、品牌营销不显著、产业链条不够长，等等，这些都需要在今后工作中不断攻坚克难。

下一步，我县将以此次联盟年会为契机，虚心向各位专家学者、业内精英学习，继续加大对板栗产业发展的扶持力度，力争在推广标准生产、强化科技创新、打造名优品牌、延伸产业链条等方面取得突破，切实增加栗农收入，将板栗产业真正打造成生态产业、富民产业，让“绿水青山”真正变成“金山银山”。

最后预祝联盟年会取得圆满成功！恭祝各位来宾工作顺利、身体健康，在青龙玩得开心！

以上介绍不妥之处，敬请各位来宾指正！

2018 年 9 月 8 日

2019年第三届青龙板栗节

第三届青龙板栗节开幕式。

秦皇岛市首届板栗产业发展大会的致辞（第三届青龙板栗节开幕式）

中共青龙满族自治县县委书记　霍春利

（2019年10月19日）

尊敬的尹伟伦院士，各位领导、各位来宾，同志们、朋友们：

栗香引朋聚满乡、专家讲学促发展。值此秦皇岛市首届板栗产业发展大会隆重召开之际，我谨代表青龙县委、县人大、县政府、县政协，代表满乡56万人民，向莅临板栗产业发展大会的各位领导、各位来宾、新闻界的朋友们表示热烈欢迎！向关心支持青龙板栗产业发展的各位专家学者，省、市及部门领导，社会各界的同志们、朋友们表示衷心感谢！

这个10月，是红色的10月。七十年风雨历程，七十载光辉岁月，党领导人民从站起来到富起来，到强起来，中华民族伟大复兴的航船，正劈波斩浪、昂扬前行。在习近平生态文明思想的指引下，青龙县委、县政府坚持“绿水青山就是金山银山”的发展理念，立足资源优势，发展板栗产业，持续接力发力，截至目前全县板栗栽植面积达到100万亩，位列全国第一位；板栗年产量3万多吨，年产值4亿多元，农民人均板栗收入近千元，板栗产业已经成为促进农村经济发展的支柱产业。青龙板栗已经走进央视，走向世界。“板栗红”，是青龙人民用辛勤汗水浇灌出的“幸福红”，更是用改革创新为党旗、国旗描绘出的一抹“中国红”。

这个10月，是金色的10月，金黄色的栗仁是满乡人民手中的“金元宝”。青龙板栗产业发展，带动1.26万贫困户、4.14万贫困人口实现增收，为打赢脱贫攻坚战提供了强大助力。青龙板栗产业助力脱贫攻坚的成功实践，被央视新闻报道后，赢得各方赞誉。未来五年，青龙板栗年产量将达到10万吨，年产值15亿元，全县农民人均年板栗收入将达到3300元。“板栗黄”铺就了青龙人民奔向幸福小康的“金光大道”。在市委、市政府的正确领导下，在各级部门领导、专家学者的大力支持下，青龙板栗将走会走向更加宽广的舞台，为青龙腾飞插上一双金色的翅膀。秦皇岛市首届板栗产业发展大会在青龙召开，体现了市委、市政府对青龙板栗产业的高度重视。本次大会，不但建成了青龙板栗展示中心，设立了秦皇岛板栗研究院，而且青龙林业局又即将荣获国家林业和草原局“中国林业产业突出贡献奖”，可谓亮点不断、喜事连连！以栗为媒，会八方宾朋；共论发展，交天下精英。相信本次大会将成为各方朋友感知青龙、了解青龙的窗口，成为推进青龙板栗产业实现跨越发展的里程碑！

真诚希望各位领导、专家学者和业内精英，今后要一如既往地关心青龙、关注青龙，常来青龙旅游观光，投资兴业，不断为青龙板栗产业发展鼓劲加油！

最后，祝秦皇岛市首届板栗产业发展大会圆满成功！

在秦皇岛市第二届文化旅游暨首届板栗产业发展大会（第三届青龙板栗节）的讲话

中国工程院院士　尹伟伦

（2019 年 10 月 18 日）

尊敬的孟祥伟书记、张瑞书市长，各位领导、各位来宾：

大家晚上好！

在这硕果飘香的金秋十月，在举国上下欢庆中华人民共和国成立 70 周年之际，在山川秀丽、生机盎然的满乡大地——秦皇岛市青龙满族自治县，由中共秦皇岛市委、秦皇岛市人民政府主办的“秦皇岛市第二届文化旅游暨首届板栗产业发展大会”隆重开幕了。在此，我对大会的召开表示热烈祝贺！对各位领导、专家、国际友人及参会的全体人员致以衷心的祝愿！

秦皇岛市是国家历史文化名城，历史悠久，底蕴丰厚。青龙物宝天华，人杰地灵，全面推进全域旅游，彰显城市特色，对实现三产融合，带动产业发展，巩固脱贫成果，助力乡村振兴具有重要意义。燕山板栗在我国板栗产业中具有独特的地位，引领我国板栗产业的发展方向。秦皇岛市是燕山板栗的主产区之一，栽培历史悠久，品质优良。长期以来，秦皇岛市委、市政府高度重视对板栗产业的支持，有效整合行业研发力量，不断加大科技投入。河北省板栗联盟、河北省板栗产业协同创新中心、河北省燕山农业特色产业技术研究院等省级研发平台相继落户秦皇岛，一批新品种、新技术得到了推广应用，板栗产业不断发展壮大。2018 年全市板栗栽培面积超过 120 万亩，产量 4.5 万吨。青龙是少数民族自治县，国家扶贫开发重点县和山区大县，也是板栗栽植大县，板栗栽培面积已达100万亩，年产鲜栗约3.5万吨，逐步发展成为“全国板栗第一县”。板栗已成为当地经济发展的重要支柱和山区农民增收致富的主要途径。未来五年，青龙板栗产量将达到10万吨，为青龙农民脱贫不返贫、致富奔小康打下坚实基础。本次大会，建成了青龙板栗展示中心，设立了秦皇岛板栗研究院；本月，青龙林业局又即将荣获国家林草局“中国林业产业突出贡献奖”（9月30日—10月14日为公示期），让我们共同为青龙板栗产业发展鼓劲加油！

今天，国内外板栗行业领导、知名专家、企业精英和基地代表相约秦皇岛，交流最新成果，传授最新技术，共商板栗发展之大计，可喜可贺。我相信，通过这次会议的交流与合作，我们板栗行业一定会携手共进，一定能创造秦皇岛板栗事业新的辉煌！今后，我们将进一步发挥好河北省板栗联盟的作用，一如既往支持秦皇岛市板栗产业协同创新，全力推进板栗产业技术进步，为秦皇岛市新时代全面建设沿海强市、美丽港城和国际化城市作出新的贡献！

最后，预祝大会取得圆满成功！祝各位领导、同志们身体健康，万事如意！

秦皇岛市首届板栗产业发展大会（第三届青龙板栗节）新闻发布

青龙自然资源和规划局局长 单贵文

（2019年10月10日）

问：首届板栗产业发展大会特色和亮点是什么？

答：青龙承办全市首届板栗产业发展大会，是市委、市政府和市林业局高度重视的结果，中心目标是“宣传秦皇岛板栗、青龙板栗，助力脱贫攻坚”，特色亮点主要有以下四个方面：

第一，建成一个展示中心。我们筹资200多万元建成了青龙板栗展示中心，以此全面展现青龙板栗及其文化，展现青龙板栗品质极佳、总面积全国第一的地位。

第二，建成一个科研中心。按照市政府领导指示，我们联合河北科技师范学院等高等院校、科研单位，在肖营子镇设立了全市首家板栗产业研究所，解决技术难题，推广新兴品种，力促三产融合。

第三，提高一个层次级别。2017、2018年，我县连续举办两届青龙板栗节。今年，市政府将其升格为全市首届板栗产业发展大会，会议规模和参会人员规格较往年更高。邀请到中国工程院尹伟伦院士等全国知名板栗专家、一线劳模、营销客商精英和各级新闻媒体，共谋全市板栗产业发展大业。

第四，拓展一个发展空间。青龙板栗产业助力脱贫攻坚的做法，被央视、新华社和省电视台连续报道，品牌知名度、影响力和市场占有率大增，全县栗农真正得到了实惠。同时，由于推进板栗产业发展业绩突出，青龙县林业局被国家林业和草原局列为“中国林业产业突出贡献奖”拟表彰单位，目前正在进行公示公告。

未来五年，青龙板栗年产量将达到10万吨，年产值15亿元，农民人均板栗收入3300元。同时，通过发展板栗深加工、建设板栗公园、促进三产融合发展，为青龙农民脱贫不返贫、致富奔小康打下坚实基础。

板栗展馆

刘春铁 提供

展馆文字

发展板栗产业　助力乡村振兴

秦皇岛市位于河北省东北部，北纬39°24′～40°37′、东经118°33′～119°51′之间，北依燕山、南临渤海，属暖温带半湿润大陆性季风气候，气候温暖，冬无严寒，夏无酷暑。北部山区为燕山余脉，典型山地地貌，适宜的土质、气候、光照和无霜期长、昼夜温差大、降水充沛等条件，非常适合板栗栽培，是我国北方果树适生区、河北省果品主产区之一。

板栗是秦皇岛市传统果树栽培品种，栽培历史悠久，最早于《史记》中就有关于西汉时期“燕秦千树栗”等燕山板栗记载，距今2000余年，广大栗农积累了丰富的板栗栽培生产经验。燕山板栗具有果粒均匀、色泽亮丽、口感软糯香甜、涩皮易剥离等特点，属板栗中的上品，适合糖炒、家常炒、炖食、精深加工等多种方法食用，深受消费者欢迎。

秦皇岛市板栗栽培区域主要分布在青龙满族自治县、抚宁区、海港区北部乡镇及卢龙县部分乡镇。目前，全市共有板栗栽培面积120余万亩，其中结果面积75万余亩，占总面积的62.5%，年产鲜栗4.5万吨，鲜栗产值6.5亿元。四个板栗主栽县区中，青龙满族自治县栽培面积最广，几乎遍布全县，现有板栗栽培面积100万亩，结果面积55万亩，年产鲜栗3万多吨，板栗栽培规模、产量、品质、加工销售等产业体系趋于完善，逐步发展成为“全国板栗第一县”。

依托河北科技师范学院、河北省农科院昌黎果树研究所、秦皇岛市农科院等科研院所雄厚的板栗科研技术储备，秦皇岛市板栗技术体系逐步完善，为板栗产业科学发展提供了强有力的技术支撑。在保持燕山板栗优良品系基础上，通过研究、培育、引进、推广和培训，板栗品种进一步得到优选改良，板栗栽培技术和产品品质得到全面提升。

深入发掘品质优势，大力创造品牌效应。得天独厚的自然条件和先进的栽培技术，生产出属上乘之品的燕山板栗，被誉为“京东板栗王”，获得出口日本的有机产品认证、CHC国际健康养生专业委员会专用标志认证。全市注册了“京东”“燕之龙”“龙之瑞”“栗丁”“淼源”“燕山明珠”“给栗”等板栗商标，其中“京东”品牌被评为河北省著名商标。青龙满族自治县被河北省政府确定为“百万亩外向型京东板栗出口基地县”，被省进出口检验检疫局确定为“出口板栗质量安全示范县”。优质板栗产品连续多年在中国（廊坊）农产品展销会上获金奖、银奖，深受日本、韩国等东南亚国家及广州、上海、杭州等国内大中城市消费者青睐。

秦皇岛市板栗产业未来发展，将坚持“扩规模、提品质、增效益”原则，充分挖掘资源技术优势，以标准化建设为引领，以绿色发展为方向，未来五年，全市力争新增板栗栽培面积10万亩，实现“扩大栽培面积、提高技术含量、促进改劣换优、创建知名品牌、延伸产业链条、提高整体效益”总目标，为深入推进乡村振兴战略，加快全市农业农村现代化建设作出更大贡献。

产业发展情况简介

世界板栗看中国，中国板栗看燕山，燕山板栗看青龙。

青龙满族自治县板栗栽培历史悠久，是京东板栗的重点产区之一。板栗产业是青龙农村经济的支柱产业，在农村经济发展和贫困人口脱贫致富中有着不可替代的重要作用。截至目前，全县板栗栽培面积100万亩，结果面积55万亩，年产量3万多吨，年产值近5亿元，全县农村人口45万，年人均板栗收入近千元。其中带动贫困村142个，覆盖贫困户12623户，贫困人口41404人，全县贫困户板栗栽培面积36480亩，年产量1824吨，年产值3100.8万元，全县贫困人口年人均板栗收入749元。

青龙满族自治县委、县政府历来高度重视板栗产业发展，在全县实施板栗标准化生产，大力推广增施有机肥、合理修剪、生物和物理措施防治病虫害等无公害板栗生产技术，全县已完成无公害果品产地认定31万亩，推广板栗标准化生产50万亩。

青龙满族自治县地处燕山东麓、长城北侧，属北温带半湿润大陆性季风型燕山山地气候，成土母质为片麻岩、花岗岩，青龙河、沙河、都源河、起河、星干河等五大河系分布全境。栽培品种主要有燕山早丰、燕奎、怀九、大板红等及本地优选品种。得天独厚的区位优势和特殊的气候、土壤等自然条件，使青龙所产板栗果形端正、果粒均匀、色泽光亮、含糖量高、肉质细腻、软糯香甜、涩皮易剥离，是京东板栗的顶尖产品。青龙板栗不但含有糖分、淀粉、蛋白质、粗脂肪等人体所需的基本营养物质，还含有丰富的钙、铁等多种微量元素和维生素、氨基酸等人体所必需的营养物质。

2017年1月，“中国河北 青龙甘栗”宣传广告在美国纽约时代广场大屏幕播出；2019 年 9 月 15 日央视新闻频道播出《河北青龙：板栗笑口落树脚 脱贫路上话丰年》专题新闻；9 月 27 日新华社以《河北青龙：板栗林下话丰年》为题播出了青龙板栗新闻；青龙板栗销售市场得到进一步拓展。2018 年，谋划包装了百峰贸易有限公司板栗深加工项目，被县委、县政府批准纳入青龙资产收益型扶贫项目库，为企业注入建设资金 3000 万元；项目实施不但可以带动贫困人口脱贫，而且将有效抵御因果贱伤农而带来的产业发展风险。支持扶贫企业双合盛公司生产板栗面黏豆包，申报省级林果业龙头企业，享受林业贴息贷款政策，助力企业实现年加工板栗 3000 吨的生产能力，带动贫困户增收。2016—2018 年，各级财政扶持青龙板栗产业资金 4.7 亿元。青龙板栗除出口日本、韩国、美国、东南亚等国家和地区外，还畅销全国各大中城市，产品供不应求，深受消费者信赖和喜爱。

产业发展优势

青龙满族自治县是林果大县，板栗产业是农村经济发展的传统产业，产业优势明显。所生产的板栗，软糯香甜，是京东板栗的顶尖产品。2000—2002 年，青龙板栗连续三年被评为“河北省名优农产品”。2012—2018 年，在中国（廊坊）农产品展销会上，青龙板栗共荣获 13 枚奖牌，其中金奖 3 枚，银奖 6 枚，铜奖 4 枚。

2010 年，青龙被河北省政府确定为“百万亩外向型京东板栗出口基地县”；被河北省进出口检验检疫局确定为“出口板栗质量安全示范县”。注册了“京东”“燕之龙”“龙之瑞”“栗丁”等板栗及其产品商标，其中“京东”品牌被评为河北省著名商标。

一、栽培历史悠久。青龙板栗具有 2000 多年的栽培历史，长期以来，悠久的栽培历史和栽培习惯，使全县农民积累了丰富的板栗管理经验，为产业发展奠定了坚实的基础。

二、自然条件优越。青龙满族自治县地处河北省东北部，长城以北，燕山山脉东段，属典型山地地貌，具有优质板栗生长与发育最适宜的气候条件，属暖温带半湿润季风气候区，光照资源丰富，无霜期长，昼夜温差大，降水充沛，雨热同季。秋季充足的光照和昼夜温差大等气候特点，对促进板栗营养物质的积累具有重要作用。同时，全县成土母岩以片麻岩为主，土壤微酸性，土壤质地为沙壤，土层较厚疏松，通透性好，有机质含量高，是理想的无公害果品生产基地。

三、板栗品质卓越。因独特的地理、气候条件，青龙板栗已成为京东板栗的顶尖产品，具有果形端正、果粒均匀、色泽亮丽、含糖量高、肉质细腻、软糯香甜、涩皮易剥离等特点，被誉为“京东板栗王”，不仅在国内主要城市占有很大的市场份额，还深受日本、韩国、东南亚等国家和地区消费者的青睐，常年出口量5000 吨。

四、产业规模大。青龙县委、县政府高度重视板栗产业发展，不断加大投入力度，板栗产业实现了跨越式发展。2016 年，出台了《青龙满族自治县人民政府关于大力发展板栗产业的实施意见》，明确了板栗产业发展的任务目标和重点工作，制订了一系列保障措施，为青龙板栗产业实现可持续发展提供支撑。2017 年，成立了板栗产业发展中心，负责全县板栗产业发展工作。截至目前，全县板栗栽培面积 100 万亩，位居全国第一位，其中结果面积 55 万亩，年产量 3 万多吨，年产值近 5 亿元，农民年人均板栗收入近千元。全县现有冷鲜库 500 座，贮藏能力 5 万吨，每年加工板栗 2000 吨。

全县现有配套水利设施栗园面积 28 万亩。现登记注册以经营板栗为主的果品种植专业合作社 1075 家。

领导重视篇

为发展青龙板栗产业，增加全县农民收入，助推青龙实现精准脱贫，省市各级领导高度重视青龙板栗产业发展。河北省委书记王东峰，省委副书记赵一德，秦皇岛市委书记孟祥伟，市委副书记、市长张瑞书，副市长杨铁林等领导及省市相关部门单位负责人多次深入板栗基地、板栗专业合作社、加工企业进行走访调研，了解青龙板栗发展实际，针对青龙板栗产业发展中存在的问题、产业发展需要，指导板栗产业发展。青龙县委书记霍春利、县长王殿忠、副县长刘民等县领导和相关部门负责人经常深入基层，解决板栗产业发展中的实际问题和困难，助力板栗产业做大做强。

2017 年 8 月，在秦皇岛市委副书记、市长张瑞书的关心支持下，青龙满族自治县成立了板栗产业发展中心，人员编制由过去的 4 人增加到 9 人。板栗产业发展中心的成立，为青龙板栗产业的可持续发展提供了组织保障和技术支撑。

优良品种篇（一）

板栗生产中由于长期沿用实生繁殖，种性十分杂乱，植株个体性状差异很大，其中有一些高产、稳产、优质的单株，也有许多不结果、结果晚、产量低、质量差的劣种单株。经过多年的选优和优种推广工作，已基本上确定了适合我县的优良品种。近几年，我县栗农栽培管理栗树热情高涨，许多人自发地挖掘我县板栗优质资源，发现了很多优良单株，希望专家认真考察，给予鉴定。

1. 燕山早丰（3113 优系）

3113 优系是昌黎果树研究所从河北省迁西县杨家峪村的实生树中选出来的，是目前我省早实性丰产优种之一。树姿半开张，结果母枝平均抽生结果枝 2.03 个，结果枝平均结蓬 2.42 个。栗篷平均重 47.2 克，蓬内平均有坚果 2.35 个。坚果中等大，有光泽，每千克 132 粒左右，成熟期 8 月下旬至 9 月上旬。3113 优系最突出的特点是成熟早、品质好、坐蓬率高，所以在大量结果后要加强栽培管理，加大修剪量，否则会出现小果和空蓬率增加的现象。

2. 燕奎（107 优系）

107 优系是昌黎果树研究所从河北省迁西县杨家峪村的实生树中选出来的，是我省目前较好的高产优种之一。幼树生长势强，树冠呈自然开心形，树姿极开张，便于管理。结果母枝平均抽生结果枝 2.38 个，结果枝平均结蓬 1.85 个。栗蓬平均重 64.8 克，蓬内平均有坚果 2.75 个，空蓬率仅为 1.5% ～ 5.3%。坚果大而整齐，每千克平均 112 粒。坚果棕褐色，有光泽，9 月上中旬成熟。107 优系高产、稳产、优质、适应性强，嫁接亲和力偏差，应注意配置授粉树。

3. 燕山短枝（后 20 优系）

后 20 优系又叫大叶青，是昌黎果树研究所从河北省迁西县后韩庄村实生树中选出来的，是目前我省矮化、高产的优种之一。树势健壮，树体矮小，树冠紧凑，枝条短而粗壮，叶片肥大，叶色浓绿。结果母枝平均抽生结果枝 1.85 个，结果枝平均结蓬 2.94 个。栗蓬平均重 67.64 克，篷内平均有坚果 2.8 个。坚果大而整齐，每千克平均 110 粒。9 月中旬成熟。后 20 优系对红蜘蛛抗性较强。适宜密植和庭院栽植。

4. 大板红（大板49优系）

大板49优系是昌黎果树研究所从河北省宽城县大板村的实生树中选出来的，树姿开张，分枝角度小。结果母枝平均抽生结果枝2.61个，结果枝平均结蓬2.08个。栗蓬平均重55克，蓬内平均有坚果2.23个。坚果整齐，每千克平均115粒。9月中旬成熟。大板49优系连续结果能力强，但抗病虫和耐旱能力较差。

5. 怀九

怀九1986年由北京市怀柔县九渡河村实生树中选出，2001年引进我县。树形半圆形，树姿开展，主枝角度在50～60度之间。结果母枝平均长度为65厘米，平均粗度为0.85厘米，属长果枝型。结果母枝短截后能抽生结果枝，果前梢较长，平均为45厘米，平均着生9个混合芽。每个结果枝平均坐篷6.15个，栗蓬椭圆形，平均重7克，刺束中密，出实率46%。蓬内平均坚果数为2.64粒，坚果平均重8.5克，皮色为栗褐色，稍有光泽，茸毛较少。成熟期为9月中下旬，落叶期11月中下旬。

优良品种篇（二）

近几年，我县与河北科技师范学院合作，在我县的板栗实生树中选育出四优系，已分别命名为燕龙、燕秋、燕紫、燕丽，经过在我县及周边地区试验示范表现良好，比较适合我县土壤气候条件。

1. 燕龙

“燕龙”是2005年通过河北省科技厅专家组鉴定的寡雄丰产板栗新品种，2009年通过省品种审定，2012年获植物新品种权。特点如下：

（1）寡雄、高产——雌花多、雄花少（雌雄花序比例为1∶1.4（成龄树）～1.8（幼树），一般品种为1∶9.6），每苞坚果多（平均 2.8 粒）、空苞率低（空苞率几乎为 0），有利于节省养分，实现高产（3 年生折合亩产 324.3 千克）。

（2）个大、色好、质优——坚果个大（单粒重 8.1 ～ 10.2 克）、色泽好（果面茸毛很少，呈红褐色，油亮美观）、品质优（果实质地糯性，细腻香甜，糖炒品质优良）。

（3）可以短截、适于密植——可在结果母枝基部形成混合花芽，适于进行短截修剪，短截后的果枝率为 52.2% ～ 61.7%，适于密植栽培。

2. 燕丽

“燕丽”是 2014 年通过河北省林木品种审定委员会审定的大粒丰产优质板栗新品种。特点如下：

（1）坚果个大：单苞重 50.2 克、空苞率 8.4%，苞内平均坚果个数 2.2 个；平均单粒重 8.9 ～ 9.1 克，最大单粒重 18.4 克。

（2）丰产性强：4 年生嫁接树平均株产 3.9 千克，折合亩产 260.5 千克。12 年嫁接树树高 410 .0 厘米，冠幅 510.0 厘米 ×480.0 厘米。平均每株结果母枝 129.3 条，结果枝 303.7 条；平均每株总苞 588.3 个；单株产量 10.6 千克，折合亩产 246.2 千克。9 月中旬成熟。

（3）品质优良：坚果红褐色，油亮，边果椭圆形，果顶果肩浑圆，灰白色的茸毛分布在果肩以下，茸毛稀疏，筋线明显，底座小，具有瘤点，接线平滑。果肉乳黄色，炒熟后口感细腻，糯性强，风味香甜。

3. 燕紫

“燕紫”是 2014 年通过河北省林木品种审定委员会审定的大粒优质丰产耐瘠薄板栗新品种，特点如下：

（1）坚果个大：单苞重 52.5 克、空苞率 6.7%，苞内平均坚果个数 2.3 个；平均单粒重 8.5 克，最大单粒重 15.2 克。

（2）品质优良：坚果紫褐色，油亮，边果椭圆形，果顶果肩浑圆，灰白色的茸毛分布在果肩以下，茸毛密度中，筋线不明显，底座大，具有瘤点，接线平滑。果肉乳黄色，炒食香、甜、糯俱佳，适宜糖炒。

（3）丰产性强：4 年生嫁接树平均株产 7.7 千克，亩产 256.2 千克；10 年嫁接树树高 530.0 厘米，冠幅 465.0 厘米 ×507.0 厘米。平均每株结果母枝 197.0 条，结果枝 403.0 条；平均每株总苞 617.0 个；单株产量 10.2 千克，折合亩产 237.9 千克。9 月中旬成熟。

（4）耐瘠薄：树势强健，适宜在山岭、薄地栽培。

4. 燕秋

“燕秋”是 2014 年通过河北省林木品种审定委员会审定的耐短截、丰产、优质板栗新品种，特点如下：

（1）耐短截修剪、产量高：结果母枝基部可形成 3 ～ 5 个饱满芽，留基部芽短截修剪后，果枝率 44.8% ～ 67.2%；正常结果母枝平均抽生果枝 2.3 个，最多 7.2 个，平均果枝结栗蓬 2.7 个，最多 9 个，平均每栗蓬结实 2.6 粒。10 年单株产量 10.3 千克，亩产 240.9 千克。

（2）个大、色好、质优：坚果平均重为 8.3 克，最大单粒重 15.6 克，果面亮丽，呈红褐色，果实质地糯性、细腻、香甜，糖炒品质优良。

（3）春季抗低温能力强：2008 年春、2010 年春、2014 年春，燕山板栗产区遭受春季低温，多数品种减产严重，但燕秋仍能基本保持丰产。

标准化生产篇

近年来，青龙在板栗产业发展中，大力推广无公害板栗生产技术，全面推进板栗提质增效工程，在严格执行河北省质量技术监督局发布的板栗生产地方标准《无公害果品板栗生产技术规程》（DB 13/T726—2005）的基础上，依托昌黎果树研究所和河北科技师范学院等单位，不断提升全县板栗标准化生产水平。2016 年，邀请昌黎果树研究所板栗专家、副所长王广鹏博士编写了《青龙满族自治县板栗生产技术规程》，建园、嫁接、土肥水管理、病虫害防治、板栗采收与贮藏等板栗生产的各个环节实行统一标准，所产板栗果形端正、色泽亮丽，品质优良。2017 年以来，与河北科技师范学院、昌黎果树研究所等单位合作，创新破解了板栗内腐病防治等技术难题，采取发放明白纸、应用森林防火应急广播等方式，率先周边县区应用于生产，提高了板栗品质。目前，全县完成无公害果品产地认定 31 万亩，推广板栗标准化生产面积 50 万亩。

林下经济篇

为全面提升板栗产业的综合效益，近年来青龙满族自治县根据板栗不同树龄栽培实际，大力发展以栗农间作、栗药间作、栗菌套种、栗下养殖和板栗旅游等为主的多种林下经济发展模式，让栗农从经济效益、生态效益、景观效益中获取更多收益。

古树篇（一）

名木古树见证了一个树种种群的存续兴衰，是人类文明的重要组成部分。青龙满族自治县高度重视板栗古树保护工作。为全面摸清全县板栗古树总量及分布状况，更好地对板栗古树进行保护利用，先后组织了两次大规模的板栗古树普查工作，摸清了全县板栗古树分布状况及生长现状。全县板栗古树主要集中分布在肖营子、凉水河、三拨子、祖山等乡镇。据不完全统计，全县现有树龄为 100 年以上板栗古树 2459 株，其中单株 487 株，古树群 17 个、1972 株，树龄最长的超过千年。

古树篇（二）

青龙满族自治县板栗栽培历史悠久，在素有青龙小西藏之称的凉水河乡，有上百株的板栗古树群。其中下草碾村栗树沟有一株板栗古树，经过全国著名板栗专家鉴定，树龄超过千年，树高 17 米，干周 6.8 米，需 5 个成年人合抱。冠幅东西 10 米，南北 16 米，树干上长满树瘤；树上分三大主枝，其中一个树枝因干枯被锯掉。该树历经千年历史，饱经千年沧桑，仍然保持着顽强的生命力，被誉为“中华板栗王”，在当地被奉为“神树”。

板栗文化篇

板栗是我国最早栽培的果树之一，最初以“果腹充饥”的林产品出现在人类祖先的视野中。其后，先民们有意识地栽培这种“铁杆庄稼”“木本粮食”。经过几千年的发展，成为我国重要经济林种，板栗也从代粮食品发展成现在的“特色农产品”“休闲食品”。板栗生产与人类生活密切相关，在板栗漫长的栽培利用过程中，以栗为姓、以栗为俗、以栗为诗、以栗为药、以栗入画者众多，形成了灿烂多彩的板栗文化。

青龙板栗历史悠久。《吕氏春秋》记载“果有三美者，有冀山之栗”。在司马迁的《史记·货殖列传》中也有记载，“燕秦千树栗，……此其人皆与千户侯等”。冀、燕现指包括青龙满族自治县在内的部分河北地区。足见 2000 多年前青龙满族自治县便已栽植板栗。青龙板栗常作钦点贡品而誉满京师。每当秋季，京津两地便飘起浓郁的糖炒栗香，至今仍在传诵“堆盘栗子炒深黄，客到长谈索酒尝。寒火三更灯半灺，门前高喊灌香糖”。

东周时期苏秦游说燕国时曾提到过这一带的板栗。苏秦是洛阳人，鬼谷子的学生。他出游多年，贫困潦倒而归，哥嫂弟妹讥笑他说：“周朝人习惯于置办产业、从事工商，而你放弃这些根本，专门耍嘴，怎么能不贫困呢？”苏秦十分惭愧，闭门不出，翻阅典籍，找到《周书阴符》刻苦攻读。过了年余，他从中揣摩出一套游说办法，自信地说：“用这个办法可以说服国君了。”于是先游说周显王，显王身边的人平时都了解苏秦，不信他的话。苏秦西奔秦国，游说秦惠王，惠王刚刚杀了商鞅，疾恨舌辩之士，也没用他。苏秦东奔赵国，赵肃侯以其弟赵成为相，赵成见苏秦来了很不高兴。苏秦无奈北奔燕国，他经过沿途考察，对燕文侯说：燕国“南有碣石（今昌黎、乐亭一带）、雁门之饶，北（今青龙、兴隆一带）有枣栗之利，民虽不佃作，而足于枣栗矣。此所谓天府者也”（引自《史记》卷六十九）。接着又说：要论太平无事，很少打仗，哪里也比不上燕国。大王您知道这是为什么吗？燕文侯没有回答。苏秦接着说：之所以燕国不被侵略，是因为有赵国在南面给你当屏障。秦国跟赵国打了五仗，秦国胜了两次，赵国胜了三次，秦赵相斗，谁也顾不上攻打燕国，这是燕国安然无恙的主要原因。况且秦国攻打燕国，距离几千里，即使打下燕国城池，秦国也不能驻守，所以秦国不能攻打燕国是明摆着的事。如果赵国攻打燕国，号令一下，十余日就可打到国都。因此，大王若与赵国结盟，燕国必无忧矣。燕文侯采纳了苏秦的建议，资助苏秦车马金帛去游说赵国，以便早日和赵国结盟。尽管齐、楚、燕、韩、赵、魏诸国后来仍被秦国一一吞并，但燕地百姓种植板栗的良好习惯一直延续至今。

千百年来，青龙人民在辛勤劳作、享受美好生活的同时，也赋予了板栗丰富多彩的文化内涵，让人倍觉生活的甜美和幸福。比如，青年新婚之日，慈祥的老人们总要在新娘的被角里缝进几颗饱满的大栗子。因栗子与“立子”同音，乃取衍宗、祈盼早生贵子、生活甜甜蜜蜜之意。

对于青龙板栗，日本客商情有独钟，20 世纪日本株式会社曾对中国 14 个板栗出口基地进行跟踪评测，认为青龙板栗质量最好，特点有三：一是裂壳较少，二是涩皮易剥，三是含糖量高。

中日百年板栗情

林庆一先生是日本京都林万昌堂糖炒板栗店的第三代掌门人，长期担任日本糖炒板栗株式会社的社长，是改革开放后第一个来青龙考察板栗生产的日本商人。

这个起步于 1874 年，位于日本京都中心地带四条寺町的百年糖炒板栗店，在经过“二战”和日本经济大萧条、大衰退洗礼后，依靠经营青龙板栗得以存续和发展。到现在已有 140 多年的历史。在林先生心中，青龙板栗不仅保证了这个家族的生存与发展，并且在长期与青龙的交流与贸易往来中，青龙人民的朴实、善良、宽厚、坚韧，栗花飘香的美丽山水，更让林庆一先生魂牵梦绕，深深眷恋不已。因此，林先生在生前立下了两个遗愿：一是他退休后，接替他出任掌门的人必须遵守古训，继续经营青龙板栗；二是离世后要把自己的一部分骨灰埋到栗花飘香的青龙大地。林先生去世后，出任林万昌堂掌门人的林庆一先生的女婿林雅彦先生，经过中日友好协会联系，带着林先生的部分骨灰来到青龙，亲自将老社长的部分骨灰葬在了风光秀丽、栗林葱郁的大转村。为见证这段中日百年板栗情，青龙县政府出专资为林庆一先生修墓立碑，并安排专人为林庆一先生守墓扫墓。

目前，林雅彦先生不仅遵循老社长的经营遗训，每年到青龙考察板栗生产、收购，为林庆一扫墓，还把经营青龙板栗的专卖店开到了香港、上海。

荣　誉　篇

青龙满族自治县是京东板栗主产区，栽培历史悠久。多年来，青龙板栗的香、甜、糯等各项指标一直排在河北乃至全国前列，先后注册了“京东”“燕之龙”“龙之瑞”等板栗商标。2001 年 9 月，青龙满族自治县被国家林业局评为“全国经济林建设先进县”。2010 年，青龙满族自治县被河北省进出口检验检疫局确定为“出口板栗质量安全示范县”。2012 年，被河北省政府确定为“百万亩外向型京东板栗出口基地县”。2000—2002 年，青龙板栗连续三年被评为“河北省名优农产品”。2012—2018 年，在“中国（廊坊）农产品展销会”果王争霸赛活动中，青龙选送的板栗共荣获奖牌 13 枚，其中金奖 3 枚，银奖 6 枚，铜奖 4 枚，百峰贸易有限公司“京东牌”板栗荣获“河北省十大林果产品品牌”称号。

龙头企业篇（一）

青龙满族自治县百峰贸易有限公司于 2002 年在青龙外贸公司改制基础上组建而成。企业注册资本 575 万元，资产总额 6000 万元，是集板栗、粮食、苹果、杏仁、蘑菇等农副产品生产、收购、加工、贮藏、销售于一体的生产经营“一条龙”企业。目前注册有“京东”和“都山”牌商标。与国内外多家客户有着长期稳定的合作关系，所经营的产品有鲜板栗、糖炒栗、小包装栗仁、开口笑、精品小杂粮、青龙苹果、蘑菇等。产地纯正、品质优良、质量稳定、风味独特，长期供应国内和日本、韩国和东南亚等国家和地区。公司是“河北省农业产业化经营重点龙头企业”“河北省林果产业重点龙头企业”和“秦皇岛市扶贫龙头企业”。公司的“京东”商标多次被河北省工商行政管理局评为河北省著名商标，目前正在申报全国驰名商标。公司的京东板栗荣获2014年第十八届中国农产品交易会银奖、2015年京津冀名优果品擂台赛银奖、2016年“硅谷杯”京津冀果王争霸赛银奖、2017年河北省十大林果品牌和京津冀果王争霸赛金奖。

公司拥有配套的板栗加工挑选生产线（3条）和冷藏保鲜库，年可加工储藏生鲜板栗5000余吨。同时，根据市场需求，进行板栗深加工，开发了开口笑、小包装栗仁、礼盒装栗仁等产品。公司经营板栗产品占全县板栗总量的三分之一以上，2016年实现销售收入11035万元。公司始终坚持“质量第一、信誉至上”宗旨，实行“公司+基地+农户+标准化”的生产管理模式，在县内的青龙镇、肖营子、八道河等乡镇建立了20个板栗生产基地，自有基地面积1万亩，带动基地面积31万亩，带动农户10万户。部分板栗生产基地通过了日本有机产品认证（JONA JAS）、中国有机产品认证、全球良好农业规范认证（GLOBAL GAP）和中国良好农业规范认证（CHINA GAP），形成了生产布局区域化、生产方式专业化、生产规模集约化、生产过程规范化、产品加工工业化、板栗质量标准化和产品营销品牌化的产业化经营格局。

公司全方位打造立体营销模式。2016年，青龙板栗主要供给天津小宝、中栗华，北京盛文甘栗、秋栗香、神农氏，上海万来、小栗王、栗珍香、宝栗王、郭记栗王，无锡金栗王，江西杨记板栗，河南皇栗皇，广州栗品香，南京宏祥板栗等。糖炒板栗已经打入上海的农工商、大润发等超市。目前着手在北京、天津、上海、武汉、南京和成都等大中城市商超设立糖炒板栗点和旗舰店，建立多个批发销售渠道，建设电子平台，实现O2O全方位网络营销。

另外，青龙板栗一直向日本京都林万昌堂、东京石井公司、日昇公司、博科贸易株式会社、大阪三昌贸易株式会社、丰田通商、甘栗太郎、台湾北晟、津吉栗、蔡记板栗、王记板栗等公司出口板栗。根据河北省农业农村厅引荐，今年在现有出口业务的基础上，企业也在积极参报国际农产品展会，通过海外华人机构及驻外商务团体、组织，将我县地方特色农副产品推向欧美等西方国家市场，力争有唐人街的地方就有京东板栗。

公司地址：青龙满族自治县青龙镇燕山路

公司网址：http：//www.qlbaifeng.com

公司邮箱：qlbaifeng@126.com

公司电话：0335-7995309

龙头企业篇（二）

青龙满族自治县万隆贸易有限责任公司是经营板栗和板栗仁的收购、加工、储藏、出口的专业公司，资产总额3000万元。板栗产品主要出口日本、韩国和东南亚等国家和地区。在北京、天津、南京、上海、广州、昆明、成都、武汉、无锡、沈阳、福州等大城市有多家专卖店，专门由公司独家供应青龙板栗。板栗品质无论在国外还是国内都是首屈一指的。

几年来，该公司为了食品安全，以公司 + 基地 + 农户的模式积极开展板栗基地建设。公司有绿色食品基地认证、全球良好农业规范认证、日本有机食品认证，分别在国家工商行政管理总局和日本注册了“燕之龙”板栗商标。公司产品每年出口量都在 1000 吨以上，供应国内 2000 吨左右。“燕之龙”板栗商标连续三年获得河北省果品擂台赛银奖。

企业地址：青龙满族自治县青龙镇燕山西路第四小学对过

联系人：刘万誉

联系电话：13933522048

龙头企业篇（三）

双合盛生态农产品有限公司于 2013 年注册成立并正式投产，注册资金 4000 万元。注册“在旗”商标，规模生产板栗黏豆包、红豆包、红糖大枣馒头、葱油花卷等 20 多个品种、80 多种规格的速冻面点。所有产品全部通过了 ISO9001：2008 质量管理体系认证、ISO22000：2005 食品安全体系认证、HACCP 认证及食品安全生产标准化认证，使产品质量得到保障。

2014 年，公司法人代表张全利被确定为“市级非物质文化遗产”传承人，公司被认定为“满族传统食品产业示范园”“市级农业产业化重点龙头企业”“河北省科技型中小企业”。

2015 年，“在旗”黏豆包被中国好食品定制评鉴交易会认定为推荐产品，评为“中国好食品”，获得“中国食文化瑰宝”称号；

2016年，青龙满族自治县龙王庙乡被文化部中国食文化研究会评为“中国黏豆包之乡”，双合盛公司被评为“中国黏豆包之乡龙头企业”和常务理事单位，被河北省饭店烹饪行业协会评为“河北省餐饮业十佳直供集采基地”。

2017年，“在旗”产品被河北省工信厅评为“河北省中小企业名牌产品”，被河北省市场监督管理局评为“河北省优质产品”。同年被评为河北省扶贫攻坚龙头企业。

2018年，“在旗”产品再次被河北省工信厅评为河北省中小企业名牌产品。且获得“河北特产食品”“2018中国特色团餐品牌50强”“2018中国餐饮产业优秀服务商”和“京津冀美食联展名小吃奖”的荣誉。2018年5月在《中国食品报》统计报道的速冻面点销售排名中在旗产品销量居河北省第三。通过几年快速发展，公司目前占地13200余平方米，建有现代化生产厂房及冷藏库6300余平方米，公司总资产达到6584万元，资产负债率17.8%。2017年产品产量达3600吨，销售收入4300万元。

目前已经在石家庄、北京、长春、丹东、大连、上海等大中城市的流通和商超渠道全面铺开，与北京二商集团、美菜公司、新发地市场，东北地区大润发系统、沃尔玛系统、家乐福系统及上海罗森便利店系统等达成合作，且受到了消费者的广泛喜爱。

2019年，公司被评为河北省农业产业化重点龙头企业、荣获亚洲调理食材中国调味食材百强经销商。

自2015年以来，北戴河中直疗养院13家食堂连续三年使用公司“在旗”系列产品，受到各级领导一致好评。

公司成立以来，一直秉承“弘扬满族饮食文化、打造安全绿色生产基地”的企业精神；坚守着“诚信为本、质量先行”的工作理念，从原材料入厂，到产品生产销售，再到产品成功追溯，全程控制产品的安全，时刻落实企业食品安全的主体责任。敬畏客户，品质至上，卓越、持续发展，唱响着“在旗”人的价值取向。公司致力于把企业发展成为满族传统绿色食品生产的强势企业，为员工、企业、社会创造更高的价值。“回报社会，建设国家”是“在旗”人崇高的历史使命与光荣责任。为延伸青龙板栗产业发展链条，丰富企业产品种类，带动全县栗农增收，公司计划尽快实现年加工青龙板栗3000吨的生产能力，促进全县板栗产业发展。

企业地址：青龙满族自治县龙王庙乡龙王庙村

联系人：张全力

联系电话：13513366705

龙头企业篇（四）

青龙满族自治县旗展农业科技发展有限公司是在国家实施乡村振兴战略的历史背景下于2018年成立的新型农业科技公司，企业注册资本100万元。公司以农业、农村、农民为依托，通过无损健康工艺、互联网运营技术深度融合一二三产业、有机整合以青龙板栗为代表的地方特色产品，助力满乡成为安居乐业的美丽家园。

公司主营产品有“旗展”牌生鲜栗子、深加工栗仁、杏仁、小杂粮等地方特色产品。2019年产销生鲜栗子约300吨，甘栗仁4吨，年销售收入600余万元。旗展牌板栗系列产品源自满乡山谷，根植燕山东麓，地处北半球黄金种植区，土壤中富含多种矿物质和微量元素，产品纯正、风味独特、营养丰富、色香俱佳，为不可多得的美食佳肴。2018年，旗展牌甘栗仁荣获第二届秦皇岛礼物商品大赛铜奖；2019年，旗展牌栗仁、杏仁等产品被秦皇岛市旅游和文化广电局授予“秦皇岛礼物”冠名的殊荣。

公司自成立以来，采用O2O模式整体运营，依托秦皇岛市的旅游定位，拓展新零售渠道，将板栗系列产品持续销往全国。如今，公司正与部分高校启动大学生创业扶贫项目，有机结合大学生创业和青龙板栗产业脱贫，共同开启青龙“美栗”新篇章。

企业地址：青龙镇康乾街与祖山路交口电子商务三楼

联系人：郭占久

联系电话：18233510909

合作社篇（一）

五指山板栗专业合作社成立于2009年8月，是国家级示范社，注册资本1000万元，占地面积20亩。合作社建设有培训中心、办公区、仓储区、气调库、深加工车间、收购大棚，筛选生产线、农资配送中心等，已形成了技术指导、品种改良、农资供应、产品回收、初加工、销售等于一体的完整服务链条。按照“公司+合作社+基地+农户+联合社+供销社+经营网络”模式，采取联建基地、订单生产、返利销售等方式，辐射带动1.58万户发展板栗产业，注册并打造“丰果”和“龙之瑞”等品牌。合作社坚持“民办、民管、民有、民受益”原则，主要提供五项服务。低价供应农资。每年以低于市场价15%的价格统一购买优质农资，统一购买率达95%以上，2012年以来共为农户提供板栗专用有机肥3500吨，种子11吨，所有农资对贫困户按成本价发放，免费提供技术培训。投资50万元建立了多功能培训大厅，成立农民技术培训中心，2010年以来共开展农民技术培训100余期，发放各种资料5000余份，年培训农民3000人次以上；免费推广新产品、新技术。2011—2014年免费供给农户优质板栗接穗50余万条，实现果品改良3500亩；2015—

2016年免费发放板栗接穗80万条，改良品种1万亩；2017年免费发放板栗接穗80万条，改劣换优2万亩。建立社员信息网络。通过结算系统和信息系统，为每个社员设独立账户，将成员出资、社员分红、果树管理信息以及合作社交易等情况完整录入微机，实行产前、产中、产后全程质量跟踪管理，按股分红。2009—2014年共向社员返利138万元（包括农资），统一销售产品达4000吨，拉动社员增收7000万元，2013年，合作社被中华供销总社、《中华时报》等五家单位评选为“2013年经济年度开拓创新奖”，2014年被评为“国家级示范社”，并通过有机产品认证和良好农业规范CNAS认证。合作社还先后荣获国家级示范社、省级诚信经营消费者满意单位、AAA农产品专业合作社、315保障消费者权益诚信经营示范合作社，市级优秀农民专业合作社示范社、产业化龙头企业等多项荣誉。

合作社地址：青龙满族自治县肖营子镇五指山村

联系人：韩青瑞

联系电话：13833506041

合作社篇（二）

一、合作社概况

青龙满族自治县尖山子板栗专业合作社位于茨榆山乡尖山子村，于2013年4月在县工商局注册登记，注册资本518万元。合作社主要经营范围：板栗、水果加工、销售；农产品加工服务；板栗技术咨询、服务。2016年评为市级示范社，2018年评为省级示范社。合作社采取“合作社＋基地＋农户”的运行机制，组建农业种植服务队、果树管理服务队和物资供销服务队，统一管理全社板栗种植、果园建设及农资购进和农产品销售。现合作社入社社员达到102户。几年来，合作社不断发展壮大，带动了农业种植产业的发展，特别是在脱贫攻坚工作中，示范带动作用明显，带动建档立卡贫困户198户、498人，每人年分红150元，取得了良好的经济效益和社会效益。

二、2020—2022年项目谋划规模

2020—2022年合作社计划扩建红薯深加工车间，达到年加工红薯1000吨；计划扩建板栗收购、加工、储存车间，达到年收购板栗、储存3000吨规模。力争实现带动建档立卡贫困户300户，每人年分红200元。

三、项目投资金额

项目一：计划扩建红薯加工厂1座，加工厂房600平方米，按每平方米1200元造价计算，项目预计总投资72万元。

项目二：购买板栗筛选机六台4万元，冷藏设备12万元，厂房20万元，预计总投资36万元。

四、经济效益分析

项目建成后，预计实现财务净利润150万元，投资回收期为2年（含建设期），经济效益、社会效益同步增长，实现农业可持续发展。

合作社地址：青龙满族自治县茨榆山乡尖山子村

联系人：张秀江

联系电话：13833568680

青龙板栗展示中心

板栗产业是青龙农村经济的支柱产业，在青龙脱贫攻坚工作中发挥着不可替代的重要作用。青龙县委、县政府高度重视板栗产业

发展，板栗栽植规模不断壮大，板栗产业链条不断延伸。为了充分挖掘板栗产业潜力，将青龙的小板栗做成大产业，帮助全县人民实现依靠板栗致富的梦想，在市县两级领导的大力支持和关注下，青龙满族自治县实施了“青龙板栗展示中心建设项目”。

青龙板栗展示中心于 2019 年 4 月 18 日开工建设，8 月 29 日装修布展，10 月 15 日完工。历时 6 个月，一座集产业宣传与艺术美感于一体的“青龙板栗展示中心”如期展示在大家的面前。

青龙板栗展示中心本着促进青龙板栗产业绿色可持续发展的原则，采取艺术与产业相结合的展现形式，精心设计了板栗分布、青龙板栗、板栗历史文化、板栗栽培、市场开拓、国际关注、荣誉殿堂、脱贫攻坚、青龙腾飞等9个板块，全面宣传推介青龙板栗产业。青龙板栗展示中心不仅带给观众美的享受，增强对青龙板栗产业的初步了解，更是宣传推介青龙板栗的窗口以及板栗知识的科普基地，青龙板栗展示中心的建设，必将将青龙板栗的美誉、青龙人民的朴实和热情带到全中国，带向全世界！

第一届青龙板栗节回顾

2017 年 11 月 18—19 日，第一届青龙板栗节和全国板栗产业发展研讨会暨河北省板栗产业技术创新战略联盟年会在青龙成功举办。活动利用全国 15 个省市区、120 多位板栗界专家教授、知名学者、企业精英云集我县的有利契机，高层次、大范围开展活动，是我县近年来首次举办的全国性板栗专题会议，在国内产生了广泛影响。

11 月 18 日的活动现场，通过青龙板栗宣传展牌，糖炒板栗产品及其他林果产品、农产品展示，果树管理技术资料发放等方式，吸引了全体参会人员及广大群众进行了集体参观学习，也吸引了全国各地板栗深加工企业带着产品到现场进行展示。中国新闻网、《中国绿色时报》、燕山板栗网等16个国家级、省级知名媒体派记者来现场采访、拍摄，争相刊登、转载第一届青龙板栗节开幕式活动信息。

在全国板栗产业发展研讨会暨河北省板栗产业技术创新战略联盟年会上，主办方建议全体参会人员将青龙板栗的口碑带回去、建议留下来。第一届青龙板栗节举办以来，青龙县林业部门充分应用研讨会上各高等院校、科研院所报告的板栗产业发展先进科研成果，取得了显著成效。2018年，邀请联盟会植保专家齐慧霞教授来我县进行板栗内腐病防治对比实验，取得了良好的防治效果。2017年第一届青龙板栗节的成功举办，不但增进了全国板栗业界的交流合作、共享共赢，而且为推动青龙板栗产业持续健康发展找到了新路子、新方法，进一步坚定了全县广大栗农打造“全国板栗第一大县”的信心和决心。

第二届青龙板栗节回顾

为又好又快推动全县板栗产业发展，扩大青龙板栗知名度，打造青龙板栗品牌，巩固我县脱贫攻坚成果，2018年9月8日在七彩青龙·自然城举办第二届青龙板栗节。

板栗节邀请全国板栗产业有关研究单位，河北省板栗产业技术创新战略联盟成员，全国板栗经销企业代表，技术委员会专家，河北省科技厅、河北省林业厅、秦皇岛市有关领导等共355人参加。板栗节期间，组织召开了河北省板栗产业技术创新战略联盟大会、青龙板栗招商研讨会，举办了板栗加工产品及特色农产品展示、优质板栗评比、糖炒板栗品鉴等活动。同时举办了板栗主题书画摄影展、青龙非遗文化展演以及丰富多彩的文艺活动。青龙板栗品牌知名度和影响力得到大幅提升。

展望未来篇

青龙满族自治县委、县政府高度重视板栗产业发展，把板栗产业作为带动农民脱贫致富的支柱产业。为进一步加大对板栗产业的服务力度，各级各部门狠抓板栗科技培训与推广工作，从品种改劣换优、密植园建设等方面入手，大力发展板栗产业，推进全县板栗生产向区域化布局、集约化管理、高效化产出的产业化轨道迈进。截至目前，全县板栗栽培面积 100 万亩，结果面积 55 万亩，板栗年产量 3 万多吨，年产值近 5 亿元。2019 年 9 月 30 日，青龙满族自治县林业局被国家林业和草原局公示为“第四届中国林业产业突出贡献奖”单位。随着新植幼树逐步进入盛果期和板栗提质增效工程的全面推进，预计未来五年全县板栗栽培面积将超过 100 万亩，年产量突破 10 万吨，年产值达到 15 亿元，农民人均板栗收入 3300 元，青龙将真正成为规模、效益“全国板栗第一县”，板栗产品将销往世界各地。

板栗产业发展情况简介

一、板栗产业发展现状

抚宁区位于燕山东段，是京东板栗主产区之一，板栗栽培历史悠久，截至 2018 年年底，全区板栗栽培面积已达 10 万亩，年产板栗 1 万吨，年创直接经济效益超亿元，使千百座荒山披上了绿衣，千万个家庭摆脱了贫困，板栗产业正在成为全区资产数额最大、后续力量最足、增值效益最好的优势产业之一。

二、示范基地建设情况

抚宁区北倚长城，东临渤海，年平均气温10.1℃，年降雨量744.7毫米，年日照时数2742小时，山地丘陵地面积居多，成土母质多为花岗岩、片麻岩，土壤微酸性，适宜种植板栗，区委、区政府把板栗产业作为“三线富民”的一条主线，到2018年年底，全区千亩以上示范村15个，百亩以上示范园30个，主栽品种为燕山早丰、燕龙、燕山短枝等。

三、加工企业基本情况

我区拥有一家专门从事板栗收购、储存、加工、销售的内外贸易结合的综合性板栗经营企业，即秦皇岛燕山板栗食品有限公司，公司主要产品有糖炒速冻板栗仁、烤制开口笑板栗、软包装罐头等五大类30个品种，年经营板栗5000余吨，产品出口日本、韩国、东南亚等国家和地区，国内销售以京津冀及上海等市场为主，公司在我区有板栗生产基地1万亩，与公司签订收购合同，基地负责生产，公司负责收购，形成了产、供、销一条龙的产业链模式。

四、板栗产业发展目标

近年来，板栗价格在7～9元每斤，价格喜人，农户种植板栗积极性大增，为我区板栗产业发展注入了动力，未来五年，我区板栗栽培面积将发展到15万亩，产量达到1.5万吨；品种上引进河北科技师范学院新选育的“燕丽”“燕秋”“燕紫”“燕宝”等新品种，全面提升我区板栗品质；管理技术上，依托河北科技师范学院和昌黎果树研究所，大力推广“倒置嫁接”技术，对产量低、品质差的老旧栗园进行改劣换优，促进我区板栗产业提质增效，实现树绿青山栗富农的美好目标。

燕山板栗食品有限公司简介

秦皇岛燕山板栗食品有限公司位于秦皇岛市抚宁区，公司成立于2005年，占地面积14820平方米，有板栗保鲜库、低温储存库、板栗系列化产品生产车间及相应的生产设施和加工设备，拥有完善的管理体系和完备的研发队伍，属民营股份制企业，注册资本1000万元，是秦皇岛市板栗产业深加工外向型核心龙头企业。现有主要产品：生鲜板栗、糖炒速冻板栗仁、烤制开口笑板栗、软包装板栗仁罐头、板栗蓉等五大类30个品种，年生产能力：高温高压杀菌板栗仁3000吨，冰栗1000吨。2018年经营板栗5000吨，实现销售收入6596万元，全年出口额540万美元。

公司于2005年至今，连续被秦皇岛市政府评定为市级农业产业化重点龙头企业；2010年被评定为河北省林果产业重点龙头企业；2012年至今，连续被河北省政府评定为河北省农业产业化重点龙头企业；被河北省板栗协会认定为河北省同行业中前三名企业。

公司“燕山明珠”牌甘栗仁产品被秦皇岛市食品协会认定为秦皇岛特产食品，被河北省工信厅认定为河北省中小企业名牌产品。逐年取得了ISO9001质量管理体系认证、HACCP食品安全管理体系认证、“SC”生产许可证、HALAL国际清真认证、日本农林水产省JAS有机板栗基地和工厂双认证、美国NOP有机板栗基地和工厂双认证、出口食品企业备案证以及美国FDA注册。

展牌照片

秦皇岛市板栗产业发展情况简介。

青龙板栗产业发展情况简介。

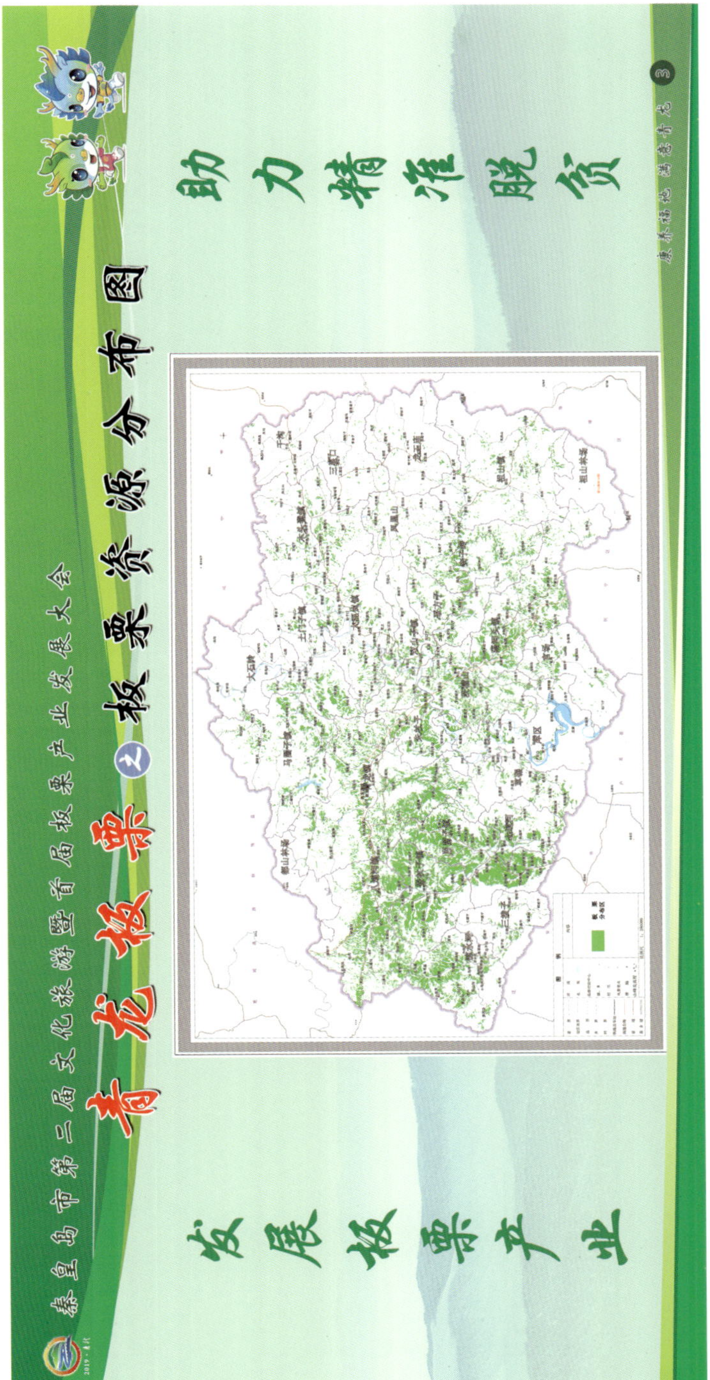
秦皇岛市第二届文化旅游暨首届板栗产业发展大会
青龙板栗之板栗资源分布图
发展板栗产业
助力精准脱贫
康养福地 满意青龙

青龙板栗资源分布图。

秦皇岛市第二届文化旅游暨首届板栗产业发展大会
青龙板栗之产业发展优势
青龙满族自治县是林果大县，板栗产业是农村经济发展的传统产业，产业优势明显。所生产的板栗，软糯香甜，是京东板栗的顶尖产品。2000-2002年，青龙板栗连续三年被评为“河北省名优农产品”。2012-2018年，在中国（廊坊）农产品展销会上，青龙板栗共荣获13枚奖牌，其中金奖3枚，银奖6枚，铜奖4枚。
2010年，青龙被河北省政府确定为“百万亩外向型京东板栗出口基地县”；被省进出口检验检疫局确定为“出口板栗质量安全示范县”。注册了“京东”、“燕之龙”、“龙之瑞”、“栗丁”等板栗及其产品商标，其中“京东”品牌被评为河北省著名商标。
一、栽培历史悠久。青龙板栗具有2000多年的栽培历史，长期以来，悠久的栽培历史和栽培习惯，使全县农民积累了丰富的板栗管理经验，为产业发展奠定了坚实的基础。
二、自然条件优越。青龙满族自治县地处河北省东北部，长城以北，燕山山脉东段，属典型山地地貌，具有优质板栗生长与发育最适宜的气候条件，属暖温带半湿润季风气候区，光照资源丰富，无霜期长，昼夜温差大，降水充沛，雨热同季。秋季充足的光照和昼夜温差大等气候特点，对促进板栗营养物质的积累具有优越条件。同时，全县成土母岩以片麻岩为主，土壤微酸性，土壤质地为沙壤，土层较厚疏松，通透性好，有机质含量高，是理想的无公害果品生产基地。
三、板栗品质卓越。因独特的地理、气候条件，青龙板栗已成为京东板栗的顶尖产品，具有果型端正、果粒均匀、色泽亮丽、含糖量高、肉质细腻、软糯香甜、涩皮易剥离等特点，被誉为“京东板栗王”，不仅在国内主要城市占有很大的市场份额，还深受日本、韩国、东南亚等国家和地区消费者的青睐，常年出口量5000吨。
四、产业规模大。青龙县委、县政府高度重视板栗产业发展，不断加大投入力度，板栗产业实现了跨越式发展。2016年，出台了《青龙满族自治县人民政府关于大力发展板栗产业的实施意见》，明确了板栗产业发展的任务目标和重点工作，制订了一系列保障措施，为青龙板栗产业实现可持续发展提供支撑。2017年，成立了板栗产业发展中心，负责全县板栗产业发展工作。截至目前，全县板栗栽培面积100万亩，位居全国第一位，其中结果面积55万亩，年产量3万多吨，年产值近5亿元，农民年人均板栗收入近千元。全县现有冷鲜库500座，贮藏能力5万吨，每年加工板栗2000吨。全县现有配套水利设施栗园面积28万亩。现登记注册以经营板栗为主的果品种植专业合作社1075家。
康养福地 满意青龙
4

青龙板栗产业发展优势。

秦皇岛市第二届文化旅游暨首届板栗产业发展大会
2019·青龙
青龙板栗之领导重视篇
为发展青龙板栗产业，增加全县农民收入，助推青龙实现精准脱贫，省市各级领导高度重视青龙板栗产业发展。省委书记王东峰，省委副书记赵一德，市委书记孟祥伟，市委副书记、市长张瑞书，副市长杨铁林等领导及省市相关部门单位负责人多次深入板栗基地、板栗专业合作社、加工企业进行走访调研，了解青龙板栗发展实际，针对青龙板栗产业发展中存在的问题、产业发展需要，指导板栗产业发展。县委书记霍春利、县长王殿忠、副县长刘民等县领导和相关部门负责人经常深入基层，解决板栗产业发展中的实际问题和困难，助力板栗产业做大做强。
2017年8月，在市委副书记、市长张瑞书的关心支持下，青龙满族自治县成立了板栗产业发展中心，人员编制由过去的4人增加到9人。板栗产业发展中心的成立，为青龙板栗产业的可持续发展提供了组织保障和技术支撑。
省委书记王东峰（左一）、市委书记孟祥伟（右一）深入板栗基地调研
省委副书记赵一德（左一）深入五指山板栗基地调研，听取五指山村书记、村主任王安文汇报
市委副书记、市长张瑞书到青龙督导调研板栗产业发展情况
副市长杨铁林(左二)到平顶山村入户调研板栗产业脱贫工作
市林业局局长张西敏(右一)到五指山板栗专业合作社调研
县委书记霍春利深入果园调研板栗产业脱贫工作
县委副书记、县长王殿忠听取板栗大户汇报
副县长刘民下乡调研板栗产业及林下经济发展情况
康养福地 满意青龙
5

青龙板栗之领导重视篇。

青龙板栗之优良品种篇（一）。

青龙板栗之优良品种篇（二）。

青龙板栗之标准化生产篇。

秦皇岛市第二届文化旅游暨首届板栗产业发展大会
青龙板栗之林下经济篇
为全面提升板栗产业的综合效益，近年来青龙满族自治县根据板栗不同树龄栽培实际，大力发展以栗农间作、栗药间作、栗菌套种、栗下养殖和板栗旅游等为主的多种林下经济发展模式，让栗农从经济效益、生态效益、景观效益中获取更多收益。

青龙板栗之林下经济篇。

秦皇岛市第二届文化旅游暨首届板栗产业发展大会
2019·青龙
青龙板栗之古树篇（一）
名木古树见证了一个树种种群的存续兴衰，是人类文明的重要组成部分。青龙满族自治县高度重视板栗古树保护工作。为全面摸清全县板栗古树总量及分布状况，更好地对板栗古树进行保护利用，先后组织了两次大规模的板栗古树普查工作，摸清了全县板栗古树分布状况及生长现状。全县板栗古树主要集中分布在肖营子、凉水河、三拨子、祖山等乡镇。据不完全统计，全县现有树龄为100年以上板栗古树2459株，其中单株487株，古树群17个、1972株，树龄最长的超过千年。
板栗
古树
康养福地 满意青龙
10

青龙板栗古树。

秦皇岛市第二届文化旅游暨首届板栗产业发展大会
青龙板栗之古树篇（二）
中华板栗王
青龙满族自治县板栗栽培历史悠久，在素有青龙小西藏之称的凉水河乡，有上百株的板栗古树群。其中下草碾村栗树沟有一株板栗古树，经过全国著名板栗专家鉴定，树龄超过千年，树高17米，干周6.8米，需5个成年人合抱。冠幅东西10米，南北16米，树干上长满树瘤；树上分三大主枝，其中一个树枝因干枯被锯掉。该树历经千年历史，饱经千年沧桑，仍然保持着顽强的生命力，被誉为“中华板栗王”，在当地被奉为“神树”。

中华板栗王。

秦皇岛市第二届文化旅游暨首届板栗产业发展大会
青龙板栗之板栗文化篇
青龙板栗历史
QINGLONG CHESTNUT CULTURE
板栗是我国最早栽培的果树之一，最初以"果腹充饥"的林产品出现在人类祖先的视野中。其后，先民们有意识地栽培这种"铁杆庄稼"、"木本粮食"。经过几千年的发展，成为我国重要经济林种，板栗也从代粮食品发展成现在的"特色农产品"、"休闲食品"。板栗生产与人类生活密切相关，在板栗漫长的栽培利用过程中，以栗为姓、以栗为俗、以栗为诗、以栗为药、以栗入画者众多，形成了灿烂多彩的板栗文化。
青龙板栗历史悠久。《吕氏春秋》记载"果有三美者，有冀山之栗"。在司马迁的《史记》"货殖列传"中也有记载，"燕，秦千树栗，……此其人皆与千户侯等"。冀、燕现指包括青龙满族自治县在内的部分河北地区。足见2000多年前青龙满族自治县便已栽植板栗。青龙板栗常作钦点贡品而誉满京师。每当秋季，京津两地便飘起浓郁的糖炒栗香。至今仍在传诵"堆盘栗子炒深黄，客到长谈索酒尝。寒火三更灯半灺，门前高喊灌香糖。"
东周时期苏秦游说燕国时曾提到过这一带的板栗。苏秦是洛阳人，鬼谷子的学生。他出游多年，贫困潦倒而归，哥嫂弟妹讥笑他说："周朝人习惯于治办产业、从事工商，而你放弃这些根本，专门耍嘴，怎么能不贫困呢！"苏秦十分惭愧，闭门不出，翻阅典籍，找到周书《阴符》刻苦攻读。过了年余，他从中揣摩出一套游说办法，自信地说："用这个办法可以说服国君了"。于是先游说周显王，显王身边的人平时都了解苏秦，不信他的话。苏秦西奔秦国，游说秦惠王，惠王刚刚杀了商鞅，疾恨舌辩之士，也没用他。苏秦东奔赵国，赵肃侯用苏秦弟弟成为丞相，苏成见哥哥来了很不高兴。苏秦无奈北奔燕国，他经过沿途考察，对燕文侯说：燕国"南有碣石（今昌黎、乐亭一带）、雁门之饶，北（今青龙、兴隆一带）有枣栗之利，民虽不佃作足以枣栗矣。此所谓天府者也。"（引自《史记、卷六十九》）。接着又说：要论太平无事，很少打仗，哪里也比不是燕国。大王您知道这是为什么吗？燕文侯没有回答。苏秦接着说：之所以燕国不被侵略，是因为有赵国在南面给你当屏障。秦国跟赵国打了五仗，秦国胜了两次，赵国胜了三次，秦赵相斗，谁也顾不上攻打燕国，这是燕国安然无恙的主要原因。况且秦国攻打燕国，距离几千里，即使打下燕国城池，秦国也不能驻守，所以秦国不能攻打燕国是明摆着的事。如果赵国攻打燕国，号令一下，十余日就可打到国都。因此，大王若与赵国结盟，燕国必无忧矣。燕文侯采纳了苏秦的建议，资助苏秦车马金帛去游说赵国，以便早日和赵国结盟。尽管齐、楚、燕、韩、赵、魏诸国后来仍被秦国一一吞并，但燕地百姓种植板栗的良好习惯一直延续至今。
千百年来，青龙人民在辛勤劳作，享受美好生活的同时，也赋予了板栗以丰富多彩的文化内涵，让人倍觉生活的甜美和幸福。比如，青年新婚之日，慈祥的老人们总要在新娘的被角里缝进几颗饱满的大栗子。因栗子与"立子"同音，乃取衍宗、喜祈盼早生贵子，生活甜甜蜜蜜之意。
对于青龙板栗，日本客商情有独钟，上世纪日本株式会社曾对中国14个板栗出口基地进行跟踪评测，认为青龙板栗质量最好，特点有三：一是裂壳较少，二是涩皮易剥，三是含糖量高。
康养福地 满意青龙
12

青龙板栗文化。

旗展农业科技发展有限公司。

双合盛生态农产品有限公司。

秦皇岛市第二届文化旅游暨首届板栗产业发展大会
青龙板栗之龙头企业篇（二）
——青龙满族自治县万隆贸易有限责任公司
青龙满族自治县万隆贸易有限责任公司是经营板栗和板栗仁的收购、加工、储藏、出口的专业公司，有资产3000万元。板栗产品主要出口日本、韩国和东南亚等国家和地区。在北京、天津、南京、上海、广州、昆明、成都、武汉、无锡、沈阳、福州等大城市有多家专卖店，专门由公司独家供应青龙板栗。板栗品质无论在国外还是国内都是首屈一指的。
几年来，该公司为了食品安全，以公司+基地+农户的模式积极开展板栗基地建设。公司有绿色食品基地认证、全球良好农业规范认证、日本有机食品认证，分别在国家工商总局和日本注册了“燕之龙”板栗商标。公司产品每年出口量都在1000吨以上，供应国内2000吨左右。“燕之龙”板栗商标连续三年获得河北省果品擂台赛银奖。
企业地址:青龙县青龙镇燕山西路第四小学对过
联 系 人 :刘万誉
联系电话:13933522048
万隆板栗
栗汇果品专业合作社
电话：13933522048 13933500909
青龙满族自治县
万隆贸易有限责任公司
青龙板栗甲天下
板栗仁
开口笑
冰栗
冰板栗
冻感来袭
证书
荣誉证书
获奖证书
康养福地 满意青龙 16

万隆贸易有限责任公司。

秦皇岛市第二届文化旅游暨首届板栗产业发展大会
青龙板栗之龙头企业篇（一）
——青龙满族自治县百峰贸易有限公司
青龙满族自治县百峰贸易有限公司于2002年在青龙外贸公司改制基础上组建而成。企业注册资本575万元，资产总额6000万元。是集板栗、粮食、苹果、杏仁、蘑菇等农副产品生产、收购、加工、贮藏、销售于一体的生产经营“一条龙”企业。目前注册有“京东”和“都山”牌商标。与国内外多家客户有着长期稳定的合作关系，所经营的产品有鲜板栗、糖炒栗、小包装栗仁、开口笑、精品小杂粮、青龙苹果、蘑菇等。产地纯正、品质优良、质量稳定、风味独特，长期供应国内和日本、韩国和东南亚等国家和地区。公司是“河北省农业产业化经营重点龙头企业”、“河北省林果产业重点龙头企业”和“秦皇岛市扶贫龙头企业”。公司的“京东”商标多次被河北省工商行政管理局评为河北省著名商标，目前正在申报全国驰名商标。公司的京东板栗荣获2014年第十八届中国农产品交易会银奖、2015年京津冀名优果品擂台赛银奖、2016年“硅谷杯”京津冀果王争霸赛银奖、2017年河北省十大林果品牌和京津冀果王争霸赛金奖。
公司拥有配套的板栗加工挑选生产线（3条）和冷藏保鲜库，年可加工储藏生鲜板栗5000余吨。同时，根据市场需求，进行板栗深加工，开发了开口笑、小包装栗仁、礼盒装栗仁等产品。公司经营板栗产品占全县板栗总量的三分之一以上，2016年实现销售收入11035万元。公司始终坚持“质量第一、信誉至上”宗旨，实行“公司+基地+农户+标准化”的生产管理模式，在县内的青龙镇、肖营子、八道河等乡镇建立了20个板栗生产基地，自有基地面积1万亩，带动基地面积31万亩，带动农户10万户。部分板栗生产基地通过了日本有机产品认证（JONA JAS）、中国有机产品认证、全球良好农业规范认证（GLOBAL G.A.P.）和中国良好农业规范认证（CHINA G.A.P.），形成了生产布局区域化、生产方式专业化、生产规模集约化、生产过程规范化、产品加工工业化、板栗质量标准化和产品营销品牌化的产业化经营格局。
公司全方位打造立体营销模式。2016年，内销板栗主要供给天津小宝、中栗华、北京盛文甘栗、秋栗香、神农氏、上海万来、小栗王、栗珍香、宝栗王、郭记栗王、无锡金栗王、江西杨记板栗、河南皇栗皇、广州栗品香、南京宏祥板栗等。糖炒板栗已经打入上海的农工商、大润发等超市。目前着手京、津、沪、武汉、南京和成都等大中城市商超设立糖炒板栗点和旗舰店，建立多个批发销售渠道，建设电子平台实现O2O全方位网络营销。
外销方面，一直向日本京都林万昌堂、东京石井公司、日昇公司、博科贸易株式会社、大板三昌贸易株式会社、丰田通商、甘栗太郎、台湾北晟、津吉栗、蔡记板栗、王记板栗等公司出口板栗。根据省农业农村厅引荐，今年在现有出口业务的基础上，企业也在积极参报国际农产品展会，通过海外华人机构及驻外商务团体、组织，将我县地方特色农副产品推向欧美等西方国家市场，力争有唐人街的地方就有京东板栗。
公司地址：青龙满族自治县青龙镇燕山路
公司网址：http://www.qlbaifeng.com
公司邮箱：qlbaifeng@126.com
公司电话：0335-7995309
百峰贸易有限公司
京东板栗
中国京东板栗出口基地
重点龙头企业
省级示范联合体
康养福地 满意青龙 15

百峰贸易有限公司。

秦皇岛市第二届文化旅游暨首届板栗产业发展大会
青龙板栗之荣誉篇
青龙满族自治县是京东板栗主产区，栽培历史悠久。多年来，青龙板栗的香、甜、糯等各项指标一直排在河北乃至全国前列，先后注册了“京东”“燕之龙”“龙之瑞”等板栗商标。2001年9月，青龙被国家林业局评为全国经济林建设先进县。2010年，青龙满族自治县被省进出口检验检疫局确定为“出口板栗质量安全示范县”。2012年，被河北省政府确定为“百万亩外向型京东板栗出口基地县”。2000-2002年，青龙板栗连续三年被评为“河北省名优农产品”。2012-2018年，在“中国（廊坊）农产品展销会”果王争霸赛活动中，青龙选送的板栗共荣获奖牌13枚，其中金奖3枚，银奖6枚，铜奖4枚，百峰贸易有限公司“京东牌”板栗荣获“河北省十大林果产品品牌”称号。
全国经济林建设
先进县(市)
国家林业局
二〇〇一年九月
河北省
无公害果品生产基地
河北省林业局
二〇〇二年九月
河北省果品产业工作
先进单位
河北省林业局
二〇〇四年九月
获奖证书
获奖证书
获奖证书
获奖证书
康养福地 满意青龙 14

青龙板栗之荣誉篇。

秦皇岛市第二届文化旅游暨首届板栗产业发展大会
2019 · 青龙
青龙板栗之中日百年板栗情
林庆一先生是日本京都林万昌堂糖炒板栗店的第三代掌门人，长期担任日本糖炒板栗株式会社的社长，是改革开放后第一个来青龙考察板栗生产的日本商人。
这个起步于1874年，位于日本京都中心地带四条寺町的百年糖炒板栗店，在经过二战和日本经济大萧条、大衰退洗礼后，依靠经营青龙板栗得以存续和发展。到现在已有140多年的历史。在林先生心中，青龙板栗不仅养育了这个家族的生存与发展，并且在长期与青龙的交流与贸易往来中，青龙人民的朴实、善良、宽厚、坚韧，栗花飘香的美丽山水，更让林庆一先生魂牵梦绕，深深眷恋不已。因此，林先生在生前立下了两个遗愿：一是他退休后，接替他出任掌门的人必须遵守古训，继续经营青龙板栗；二是离世后要把自己的一部分骨灰埋到栗花飘香的青龙大地。林先生去世后，出任林万昌堂的掌门人女婿林雅彦先生，经过中日友好协会联系，带着林先生的部分骨灰来到青龙，亲自将老社长的部分骨灰葬在了风光秀丽、栗林葱郁的大转村。为见证这段中日百年板栗情，青龙县政府出专资为林庆一先生修墓立碑，并安排专人为林庆一先生守墓扫墓。
目前，林雅彦先生不仅遵循老社长的经营遗训，每年到青龙考察板栗生产、收购，为林庆一扫墓，还把经营青龙板栗的专卖店开到了香港、上海。
甘栗の老舗
林万昌堂
URL. http://www.hayashi-mansyodo.jp/
位于日本京都四条寺町140多年专营青龙糖炒板栗的林万昌堂店铺牌匾
位于青龙大转村的林庆一先生墓碑
林万昌堂林雅彦先生
我是日本京都林万昌堂的林雅彦，我司自1874年创业以来持续在京都市的中心地 四条寺町 经营糖炒板栗，有100年以上的历史，所使用的原料栗子直至现在都是100%产自青龙满族自治县。我本身也每年访问青龙县，参与到实际收购。据已故的上代社长的遗愿将骨灰撒于青龙县大转村的栗树山上，青龙县人民政府为此在埋骨之地立墓碑纪念，与青龙结下了深厚长久的友谊。我司每年于日本在包括各百货柜台的20个店铺中销售着青龙产的高品质板栗。青龙产的板栗含糖度高，品质拔群，在日本的高端市场中获得好评，现在我司在香港及上海也在继续使用青龙板栗开拓市场，今后也希望能持续发展进一步加大和青龙的合作力度。
康养福地 满意青龙 13

中日百年板栗情。

秦皇岛市第二届文化旅游暨首届板栗产业发展大会
青龙板栗之合作社篇（一）
——五指山板栗专业合作社
五指山板栗专业合作社成立于2009年8月，是国家级示范社，注册资本1000万元，占地面积20亩。合作社建设有培训中心、办公区、仓储区、气调库、深加工车间、收购大棚，筛选生产线、农资配送中心等，已形成了技术指导、品种改良、农资供应、产品回收、初加工、销售等于一体的完整服务链条。按照“公司+合作社+基地+农户+联合社+供销社+经营网络”模式，采取联建基地、订单生产、返利销售等方式，辐射带动1.58万户发展板栗产业，注册并打造“丰果”和“龙之瑞”等品牌。合作社坚持“民办、民管、民有、民受益”原则，主要提供五项服务。低价供应农资。每年以低于市场价15%的价格统一购头优质农资，统一购买率达95%以上，2012年以来共为农户提供板栗专用有机肥3500吨，种子11吨，所有农资对贫困户按成本价发放，免费提供技术培训。投资50万元建立了多功能培训大厅，成立农民技术培训中心，2010年以来共开展农民技术培训100余期，发放各种资料5000余份，年培训农民3000人次以上；免费推广新产品、新技术。2011-2014年免费供给农户优质板栗接穗50余万条，实现果品改良3500亩；2015-2016年免费发放板栗接穗80万条，改良品种1万亩；2017年免费发放板栗接穗80万条，改劣换优2万亩；建立社员信息网络。通过结算系统和信息系统，为每个社员设独立账户，将成员出资、社员分红、果树管理信息以及合作社交易等情况完整录入微机，实行产前、产中、产后全程质量跟踪管理，按股分红。2009-2014年共向社员返利138万元（包括农资），统一销售产品达4000吨，拉动社员增收7000万元，2013年，合作社被中华供销总社、中华时报等五家单位评选为“2013年经济年度开拓创新奖”，2014年被评为“国家级示范社”，并通过有机产品认证和良好农业规范CNAS认证。合作社还先后荣获国家级示范社、省级诚信经营消费者满意单位、AAA农产品专业合作社、315保障消费者权益诚信经营示范合作社；市级优秀农民专业合作社示范社、产业化龙头企业等多项荣誉。
合作社地址：青龙满族自治县肖营子镇五指山村
联系人：韩青瑞
联系电话：13833506041
五指山扶贫实训基地
康养福地 满意青龙
19

五指山板栗专业合作社。

秦皇岛市第二届文化旅游暨首届板栗产业发展大会
青龙板栗之合作社篇（二）
——尖山子板栗专业合作社
一、合作社概况
青龙满族自治县尖山子板栗专业合作社位于茨榆山乡尖山子村，于2013年4月在县工商局注册登记，注册资本518万元。合作社主要经营范围：板栗、水果加工、销售；农产品加工服务；板栗技术咨询、服务。2016年评为市级示范社，2018年评为省级示范社。合作社采取“合作社+基地+农户”的运行机制，组建农业种植服务队、果树管理服务队和物资供销服务队，统一管理全社板栗种植、果园建设及农资购进和农产品销售。现合作社入社社员达到102户。几年来，合作社不断发展壮大，带动了农业种植产业的发展，特别是在脱贫攻坚工作中，示范带动作用明显，带动建档立卡贫困户198户、498人，每人年分红150元，取得了良好的经济效益和社会效益。
二、2020-2022年项目谋划规模
2020-2022年合作社计划扩建红薯深加工车间，达到年加工红薯1000吨；计划扩建板栗收购、加工、储存车间，达到年收购板栗、储存3000吨规模。力争实现带动建档立卡贫困户300户，每人年分红200元。
三、项目投资金额
项目一：计划扩建红薯加工厂一座，加工厂房600平方米，按每平米1200元造价计算，项目预计总投资72万元。
项目二：购买板栗筛选机六台4万元，冷藏设备12万元，厂房20万元，预计总投资36万元。
四、经济效益分析
项目建成后，预计实现财务净利润150万元，投资回收期为2年（含建设期），经济效益、社会效益同步增长，实现农业可持续发展。
合作社地址：青龙满族自治县茨榆山乡尖山子村
联系人：张秀江
联系电话：13833568680
省级农民合作社示范社
青龙满族自治县尖山子板栗专业合作社
科学剪枝培
康养福地 满意青龙
20

尖山子板栗专业合作社。

秦皇岛市第二届文化旅游暨首届板栗产业发展大会
2019·青龙
青龙板栗之青龙板栗展示中心
板栗产业是青龙农村经济的支柱产业，在青龙脱贫攻坚工作中发挥着不可替代的重要作用。青龙县委、县政府高度重视板栗产业发展，板栗栽植规模不断壮大，板栗产业链条不断延伸。为了充分挖掘板栗产业潜力，将青龙的小板栗做成大产业，帮助全县人民实现依靠板栗致富的梦想，在市县两级领导的大力支持和关注下，青龙满族自治县实施了“青龙板栗展示中心建设项目”。
青龙板栗产业展示中心于4月18日开工建设，8月29日装修布展，10月15日完工。历时6个月，一座集产业宣传与艺术美感于一体的“青龙板栗展示中心”如期展示在大家的面前。青龙板栗展示中心本着促进青龙板栗产业绿色可持续发展的原则，采取艺术与产业相结合的展现形式，精心设计了板栗分布、青龙板栗、板栗历史文化、板栗栽培、市场开拓、国际关注、荣誉殿堂、脱贫攻坚、青龙腾飞等9个板块，全面宣传推介青龙板栗产业。青龙板栗展示中心不仅带给观众美的享受，增强对青龙板栗产业的初步了解，更是宣传推介青龙板栗的窗口以及板栗知识的科普基地，青龙板栗中心的建设，必将青龙板栗的美誉、青龙人民的朴实和热情带到全中国，带向全世界！
康养福地 满意青龙 21

青龙板栗展示中心。

秦皇岛市第二届文化旅游暨首届板栗产业发展大会
青龙板栗之第一届青龙板栗节回顾
2017年11月18日-19日，第一届“青龙板栗节”和全国板栗产业发展研讨会暨河北省板栗产业技术创新战略联盟年会在青龙成功举办。活动利用全国15个省市区、120多位板栗界专家教授、知名学者、企业精英云集我县的有利契机，高层次、大范围开展活动，是我县近年来首次举办的全国性板栗专题会议，在国内产生了广泛影响。
11月18日的活动现场，通过青龙板栗宣传展牌、糖炒板栗产品及其他林果产品、 农产品展示、果树管理技术资料发放等方式，吸引了全体参会人员及广大群众进行了集体参观学习，也吸引了全国各地板栗深加工企业带着产品到现场进行展示。《中国新闻网》《中国绿色时报》《燕山板栗网》等16个国家级、省级知名媒体派记者来现场采访、拍摄，争相刊登、转载第一届“青龙板栗节”开幕式活动信息。
在全国板栗产业发展研讨会暨河北省板栗产业技术创新战略联盟年会上，主办方建议全体参会人员将青龙板栗的口碑带回去、建议留下来。第一届青龙板栗节举办以来，县林业部门充分应用研讨会上各高等院校、科研院所报告的板栗产业发展先进科研成果，取得了显著成效。2018年，邀请联盟会植保专家齐慧霞教授来我县进行板栗内腐病防治对比实验，取得了良好的防治效果。2017年第一届“青龙板栗节”的成功举办，不但增进了全国板栗业界的交流合作、共享共赢，而且为推动青龙板栗产业持续健康发展找到了新路子、新方法，进一步坚定了全县广大栗农打造“全国板栗第一大县”的信心和决心。
康养福地 满意青龙
22

第一届青龙板栗节回顾。

2019·青龙
秦皇岛市第二届文化旅游暨首届板栗产业发展大会
青龙板栗之第二届青龙板栗节回顾
为又好又快推动全县板栗产业发展，扩大青龙板栗知名度，打造青龙板栗品牌，巩固我县脱贫攻坚成果，2018年9月8日在七彩青龙·自然城举办“第二届青龙板栗节”。
板栗节邀请全国板栗产业有关研究单位，河北省板栗产业技术创新战略联盟成员，全国板栗经销企业代表，技术委员会专家，河北省科技厅、河北省林业厅、秦皇岛市有关领导等共355人参加。板栗节期间，组织召开了河北省板栗产业技术创新战略联盟大会、青龙板栗招商研讨会，举办了板栗加工产品及特色农产品展示、优质板栗评比、糖炒板栗品鉴等活动。同时举办了板栗主题书画摄影展、青龙非遗文化展演以及丰富多彩的文艺活动。青龙板栗品牌知名度和影响力得到大幅提升。
康养福地 满意青龙
23

第二届青龙板栗节回顾。

秦皇岛市第二届文化旅游暨首届板栗产业发展大会
青龙板栗之展望未来篇
青龙满族自治县委、县政府高度重视板栗产业发展，把板栗产业作为带动农民脱贫致富的支柱产业。为进一步加大对板栗产业的服务力度，各级各部门狠抓板栗科技培训与推广工作，从品种改劣换优、密植园建设等方面入手，大力发展板栗产业，推进全县板栗生产向区域化布局、集约化管理、高效化产出的产业化轨道迈进。截至目前，全县板栗栽培面积100万亩，结果面积55万亩，板栗年产量3万多吨，年产值近5亿元。随着新植幼树逐步进入盛果期和板栗提质增效工程的全面推进，预计未来5年全县板栗栽培面积将超过100万亩，年产量突破10万吨，年产值达到15亿元，农民人均板栗收入3300元，青龙将真正成为规模、效益“全国板栗第一县”，板栗产品销往世界各地。
康养福地 满族青龙 24

青龙板栗之展望未来篇。

展馆解说

各位领导、各位嘉宾：

大家好！欢迎来到阿布卡小镇·七彩青龙，我是小×。秦皇岛市首届板栗产业发展大会，展出展板共30块，分别介绍了秦皇岛板栗、青龙板栗、抚宁板栗、海港区板栗、卢龙板栗产业发展的基本情况。

下面由我为大家作简要讲解：

1. 秦皇岛市现有板栗栽植面积120多万亩，是燕山板栗、京东板栗的重要产区。悠久的栽培历史，孕育了灿烂的板栗文化。“发展板栗产业，助力乡村振兴”的活动主题，承载了市委、市政府和市林业局领导的无限重托。

2. 世界板栗看中国，中国板栗看燕山，燕山板栗看青龙。青龙板栗凭借“好山、好水、好气候”，成为燕山板栗中的极品。全县现有板栗栽植面积100万亩，位列全国第一位。年产量3万多吨，年产值近5亿元，全县农民人均板栗收入近千元。青龙县委、县政府历来高度重视板栗产业发展，2016年以来，全县投入板栗产业资金达到4.7亿元。青龙板栗依托“香甜糯”的高品质，雕琢出了舌尖上的美味，先后登陆美国纽约时代广场、央视新闻频道，深受全国、全世界人民喜爱。

3. 这是青龙板栗资源分布图，绿色部分就是青龙板栗的栽植区域。100 万亩板栗，占全县总面积的 19%，全县农民人均板栗面积达到 2.2 亩，板栗产业是青龙的生态产业、致富产业。

4. 栽培历史悠久、自然条件优越、板栗品质卓越、产业规模较大，是青龙板栗产业发展的主要优势。

5. 这是省委书记王东峰、副书记赵一德，市委书记孟祥伟，市长张瑞书，副市长杨铁林，市林业局局长张西敏等领导到青龙调研板栗产业发展的情况。2017 年，青龙成立了全市首家板栗产业发展中心。

6. 这是青龙主要推广的板栗优良品种，有燕山早丰、燕奎、燕山短枝、大板红和怀九。

7. 这是河北科技师范学院在青龙选育的板栗优良品种，有燕龙、燕紫、燕丽、燕秋。

8. 没有标准就没有品质保障。这是昌黎果研所王广鹏博士为青龙量身定做的《板栗生产技术规程》。

9. 青龙积极鼓励栗农发展栗药、栗菌、栗花及板栗旅游等林下经济，不断增加栗农收入，获取多重效益。

10. 板栗古树见证着青龙板栗产业发展的历史。全县现有板栗古树达 2000 多株。

11. 这是在青龙凉水河乡下草碾村发现的板栗古树，干周 6.8 米，树龄达千年左右，是目前国内已知树围最粗的古板栗树，被誉为“中华板栗王”。

12. 2000 多年的栽培历史，孕育了辉煌灿烂的青龙板栗文化。以栗为俗，以栗为诗、以栗为画者众多。由于栗子与“立子”同音，因此板栗就成了新婚庆典必备食品。

13. 从 1874 年开始，青龙板栗就一直出口日本，已经有 140 多年历史。日本京都林万昌堂糖炒板栗店林庆一先生，始终眷恋着青龙这片栗花飘香的美丽山水，去世后将部分骨灰埋在八道河镇大转村，永远见证着中日百年板栗情。林雅彦先生继承老社长林庆一先生的遗训，所使用的板栗原料 100% 产自青龙。

14. 青龙板栗是河北省政府确定的“百万亩外向型京东板栗出口基地县”。2012 年以来，在廊坊农展会上共获得奖牌 13 枚，“京东牌”板栗荣获“河北省十大林果产品品牌”称号。

15. 这是青龙板栗龙头企业百峰贸易有限公司简介，河北省著名商标——“京东牌”板栗商标的持有者。

16. 这是青龙板栗龙头企业百峰贸易有限公司简介，“燕之龙”板栗商标的持有者。

17. 这是“中国黏豆包之乡”青龙板栗龙头企业双合盛生态农产品有限公司简介，公司生产的“在旗牌”系列黏豆包、栗丁小窝头、枣栗子发糕、板栗黏豆包等让青龙板栗走上大众餐桌。

18. 这是青龙板栗龙头企业旗展农业科技发展有限公司简介，青龙板栗系列加工产品深受消费者喜爱。

19. 这是国家级示范社——五指山板栗专业合作社简介，合作社为五指山万亩板栗基地建设作出了突出贡献。

20. 这是省级示范社——尖山子板栗专业合作社简介，合作社是青龙东部地区带动板栗产业发展的示范典型。

21. 青龙板栗展示中心位于肖营子镇五指山村，这里见证并诠释了青龙人民通过发展板栗产业、实现致富梦想的沧桑历程。

22. 2017 年 11 月 18 日，第一届青龙板栗节在青龙县城民族文化广场举办，吹响了打造“全国板栗第一县”的号角。

23. 2018 年 9 月 8 日，第二届青龙板栗节在七彩青龙·自然城举办，“青龙板栗”名扬全国，走向世界。

24. 2019 年 9 月 30 日，青龙满族自治县林业局被国家林业和草原局公示为“第四届中国林业产业突出贡献奖”单位。未来五年，青龙板栗年产量将达到 10 万吨，年产值 15 亿元，全县农民人均年板栗收入 3300 元。同时，通过发展板栗深加工、建立板栗公园，推进三产融合发展，为青龙板栗产业发展插上翅膀，促进青龙农民脱贫不返贫，致富奔小康。

25. 这是抚宁板栗产业发展简介，抚宁板栗栽植面积达 10 万亩，年产板栗 1 万吨，直接经济效益超过 1 亿元。

26. 这是抚宁燕山板栗食品有限公司简介，该公司被河北省板栗协会认定为河北省同行业中前三名企业，“燕山明珠”甘栗仁成为秦皇岛特产。

27. 这是海港区板栗产业发展成果展，这里生产的“干嘣栗子”获得国家专利。

28. 这是海港区省级示范社秦越种植农民专业合作社简介，由四家合作社联合组成，是海港区板栗发展的中坚力量。

29. 这是卢龙板栗产业发展现状，板栗产业发展方兴未艾。

30. 这是卢龙翠玉山庄简介，是卢龙县板栗产业带动生态旅游产业发展的典型示范。

栗香引朋聚满乡，嘉宾建议促发展。我今天的讲解就到这里，祝各位嘉宾身体健康、万事如意，谢谢大家！

2019 年 10 月 19 日

板栗情缘

王显荣 撰稿

在青龙满族自治县八道河镇大转村的后山坡上，有一片生机勃勃的栗树林，几百年树龄的古代栗树在这里随处可见。在栗树林的怀抱里，有座干净整洁的墓地十分惹眼，四面短墙环绕，外植青松翠柏，整个墓地显得肃穆而又沉静。

在墓地中央，竖立一通长方形大理石墓碑，约有一人左右高，制作规整精细。墓碑正面呈黑色，镌有单线边框，框里竖刻5行汉字，右侧阴刻“中国青龙人民的好朋友 日本林万昌堂有限会社”20个小字；中间阴刻“林慶一先生之墓”7个大字；左侧阴刻“中国青龙县人民政府 青龙县外贸局 敬立。一九九八年三月二十八日”28个小字。墓碑背面青灰色，也刻有单线边框，中间竖刻“林慶一先生永垂不朽”9个大字。墓碑两面的边框和文字全部烫金，分别在黑色底子和青灰底子的映衬下，每个字都显得熠熠生辉。西面短墙中间，对着墓碑留有窄门，从窄门到山脚筑有一条水泥台阶小路，随山就势，上直下弯，掩映在栗树林荫之中，人们倘若拾级而上，高大的墓碑老远就可映入眼帘。

为什么日本人的骨灰埋在了青龙？为什么青龙县人民政府、青龙县外贸局要给日本人立碑？这里有一段十分感人的板栗情缘故事。

百年老店依靠青龙

日本林万昌堂有限会社第三任社长林庆一先生的祖父，于1874年在日本京都市中京区创立了林万昌堂有限会社，经营糖炒板栗，历经四代，至今已有146年的历史，是名副其实的百年老店。林万昌堂有限会社主要经营糖炒板栗，他们所用的板栗原料是从中国天津口岸进口，而集港到天津口岸的板栗主要来源于当时的直隶（今河北省）青龙。林万昌堂经过第二次世界大战、日本经济大萧条大衰退的洗礼，依靠经营青龙板栗得以存续和发展。

1974年，为了适应农副产品出口的需要，青龙县成立了外贸公司，全县板栗的收购和加工等项工作，统一由县外贸公司负责，然后由河北省食品进出口公司从天津口岸出口日本，其中包括出口给林万昌堂的板栗。县外贸公司的成立，密切了中日民间友好关系，有效地促进了县域经济的发展。

到了20世纪80年代初期，正值中国实行改革开放，林庆一先生率先来青龙考察板栗资源，率先与青龙签订协议进行贸易往来，青龙板栗的一流质量，使得日本林万昌堂的生意越做越大。可以说青龙板栗为林万昌堂的持续发展立下了汗马功劳。

庆一先生真情嘱托

林万昌堂有限会社老社长林庆一先生，对青龙板栗有着很深的感情，多次带人来青龙考察洽谈，尤其对八道河镇大转村的板栗情有独钟，每次来都要到栗树林里看一看。

1993 年 9 月，林庆一先生又来青龙考察，此时他已年老体衰，无法登山，但是仍然坚持要到大转村的栗树林里转一转。他的女婿林雅彦先生高大魁梧，体格强壮，曾在日本当过警察，后来离职和岳父一起经营糖炒板栗生意。林雅彦先生非常孝敬老人，为了满足老人的心愿，他专门制作了可坐可背的木椅，叫岳父坐在特制木椅里，自己背着岳父上山，钻进栗树林里实地考察。

青龙县委、县政府的领导，几乎每年都率领县外贸局的领导到日本考察板栗市场，每次去都专门拜访林庆一老先生。1997 年 4 月，在林庆一老先生病重之际，县长姚万庭、副县长杨海祥率团到日本访问，两位县领导在外贸局领导的陪同下，带着花篮专门去医院探望林庆一老先生。林老先生知道自己时日不多，握着副县长杨海祥的手真情地说："我的会社以后由我的女婿林雅彦掌管，他还年轻，希望你们多多关照，以后我们还要继续经营青龙板栗，和青龙的板栗业务不能断，和青龙的关系不能断，希望我们保持长期的合作关系。"

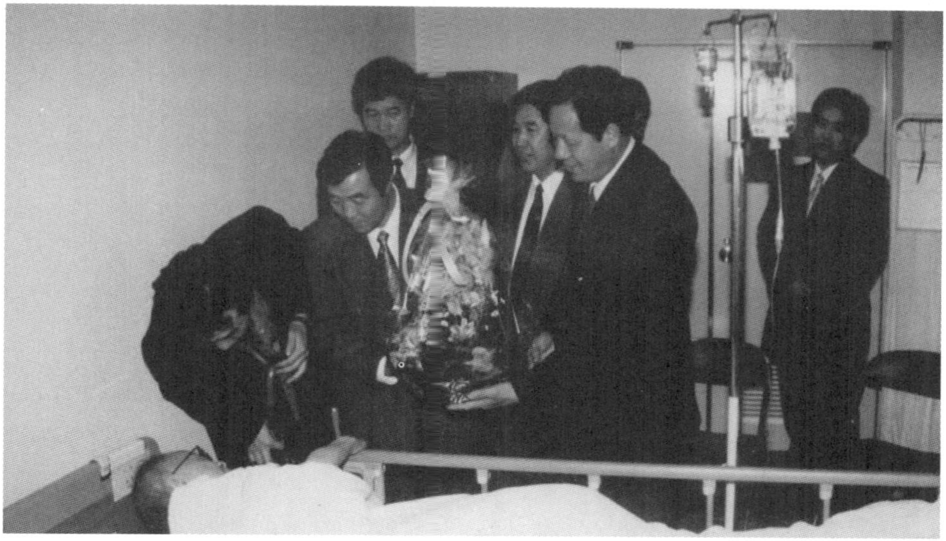

1997年4月9日青龙县县长姚万庭（左二）、副县长杨海祥（左五）率团赴日本考察，去医院看望林万昌堂有限会社老社长林庆一先生。

（杨海祥提供）

雅彦先生继往开来

1997 年 7 月，林万昌堂有限会社老社长林庆一先生因病去世，享年 72 岁。林老先生的女婿林雅彦先生，接任林万昌堂有限会社社长一职。

1997 年 9 月，林雅彦先生按照岳父的生前意愿，来青龙与县外贸公司洽谈板栗业务，并事先经中日友好协会联系，将林庆一老先生的部分骨灰带到青龙，在主管外贸工作的副县长杨海祥的陪同下，将林庆一老先生的部分骨灰埋在了大转村北山坡的栗树林里。

2002 年 9 月，青龙县外贸公司按照县政府的要求实行改制，买断后重新组建了百峰贸易有限公司，继续经营青龙板栗的收购、加工、出口业务。每逢板栗收购季节，百峰贸易有限公司都邀请林雅彦先生到青龙考察洽谈板栗出口业务，公司直接向日本林万昌堂有限会社出口青龙板栗，出口量逐年增加。17 年来，林万昌堂有限会社与百峰贸易有限公司始终保持着非常友好的合作关系。

2004 年 9 月，林雅彦先生鉴于青龙板栗质量优异，同时也为了报答青龙人民的深情厚谊，将日本最大的板栗批发企业三昌贸易株式会社介绍给百峰贸易有限公司。百峰贸易有限公司及时向该社社长酒井淳也先生、贸易部部长石田英司先生发出邀请，欢迎他们来青龙考察洽谈板栗业务。通过考察洽谈，三昌贸易株式会社高层决定：终止与中国粮油食品进出口公司旗下的迁西金栗公司板栗进口业务，与青龙百峰贸易有限公司合作，进口青龙板栗。从2004年开始，酒井淳也先生和石田英司先生，每年都来青龙考察洽谈，与青龙百峰贸易有限公司签订了青龙板栗销售合同，每年进口青龙板栗多达800吨以上。

林雅彦先生为了进一步拓宽青龙板栗销售市场，除了采取以商招商的办法，为青龙引进板栗进口量最大的日本三昌贸易株式会社以外，还在香港成立了林万昌堂香港有限公司，专门经销青龙板栗。林雅彦先生始终对青龙板栗质量评价很高，他说："我司每年于日本在包括各百货柜台的20个店铺内，销售着青龙产的高品质板栗。青龙产的板栗含糖度高，品质超群，在日本高端市场中获得好评。现在我司在香港及上海也在继续使用青龙板栗开拓市场，今后希望能持续发展，继续加大与青龙的合作力度！"

2014年9月25日，日本大批发商三昌贸易株式会社社长酒井淳也先生（二排左一）率团来青龙与县人大财工委原主任韩云庭（一排右一）等同志洽谈板栗进出口业务。 （王显荣提供）

长江后浪推前浪，世上新人赶旧人！毫不夸张地说，新社长林雅彦先生继承了老社长林庆一先生的遗志，继往开来，为青龙板栗产业的发展作出了巨大贡献！

2017年9月23日，日本林万昌堂有限会社社长林雅彦先生应邀来百峰贸易有限公司洽谈，参观板栗加工车间。（王显荣提供）

民间友谊源远流长

1997 年，正值中国普及九年义务教育攻坚阶段，林雅彦先生慷慨解囊，向大转小学捐款 200 万日元（当时折合人民币 15 万元）。1998 年，村里用这笔捐款翻建了校舍，改善了办学条件，从此大转小学更名为“昌堂小学”。

1997年9月，林雅彦先生按照岳父林庆一先生的遗愿，将岳父部分骨灰带到青龙，埋在了大转村的栗树林里。1998年3月，青龙县外贸局局长赵建云、副局长韩云庭为林庆一先生墓地立碑。

（王显荣提供）

1998 年 3 月，青龙县外贸局局长赵建云和副局长韩云庭两位领导，考虑到日本林万昌堂经营青龙板栗已达 120 多年之久，林庆一老先生与青龙人民结下了深厚友谊，为了纪念他为青龙人民所作的贡献，为了启迪后人巩固和发展中日民间友好关系，经请示县政府主管领导同意，决定出资为林庆一老先生修墓。首先派人到肖营子镇马道沟石材工艺品厂定制了高档墓碑，在骨灰埋放处用青砖水泥修了标准墓地。当时主管外贸的副县长杨海祥还在百忙之中专程来到墓地亲手栽植两棵松树，象征中日民间友好关系万古长青。

2000年，王仕林任县外贸局局长、韩云庭任总经理，二人见通往墓地的山间土路经常被雨水冲坏，难以行走，决定出资将山间土路升级为水泥台阶路，并对墓地风化残损部分进行了修缮，同时还在墓地周围栽上一圈青松翠柏，使墓地显得格外肃穆。当地栗农许青见墓地修得如此完善，为了防止损坏，自愿义务看护林庆一老先生的墓地。

2000年，青龙县外贸局局长王仕林、总经理韩云庭为林庆一先生墓地修水泥台阶、栽青松翠柏。
（刘玉宗摄）

青龙人民始终没有忘记林万昌堂有限会社老社长林庆一老先生和现任社长林雅彦先生对青龙板栗产业发展所作的卓越贡献，每年都将最好的板栗出口给林万昌堂，林万昌堂的糖炒板栗生意做得风生水起，在日本从古至今畅销不衰，就连日本皇宫也把它作为珍馐美食。

每年清明节到来之际，青龙百峰贸易有限公司领导、大转村的栗农都按照中国人的传统习作，自发地到林庆一老先生的墓地祭扫。青龙人民与林万昌堂的中日民间友谊，就像川流不息的青龙河水一样源远流长！

后　记

出版此书，得到了秦皇岛市政协原副主席范怀良、青龙满族自治县县长王殿忠、县人大主任傅兴超等领导的鼎力支持；得到了县自然资源和规划局局长单贵文、总工程师蔡得义、副主任科员刘春铁、板栗产业发展中心副主任佟景梅、县广电局原局长沈忠宝、县人大财工委原主任韩云庭、百峰贸易有限公司原总经理王显荣等同人的热情帮助；此外，白云峰、李大伟、杨兴生、周信财、周宏达、赵凤鸣等曾先后陪同笔者下乡调查，在此一并表示诚挚的谢意！

刘玉宗

2020 年 6 月 16 日